버닝썬
뒤에
숨긴 비밀

일러두기

1. 이 책의 모든 원고는 저자 이문현 기자가 작성했다. 단, pp.208~254는 MBC 사회부에서 '버닝썬 게이트' 취재를 함께한 감수자 박윤수 기자가 작성했다.

2. 일부 인물의 이름은 가명을 썼으며, (가명)으로 표기했다.

버닝썬 뒤에 숨긴 비밀

이문현 지음
박윤수 감수

K-POP 스타 뒤에 숨긴 진실,
'가짜' 주인공과 '진짜' 조연들

포르체

지금 이 목소리를 듣는 것이 우리의 정의다

우리가 기억하는 '버닝썬'은 어떤 사건인가? 클럽에서 일어난 단순 폭행 사건? 하룻밤 술값으로 수천만 원씩 쓰는 VIP들의 이야기? 아니면 연예인의 성매매·성폭행? 사건이 발생한 지 벌써 3년 가까운 시간이 흘렀고, 대중의 관심에서 사라진 지도 오래다. 대중의 관심이 잦아들자 언론은 가장 먼저 시선을 돌렸고, 경찰과 검찰, 그리고 정부도 이 사건에서 슬그머니 발을 뺐다.

결국, 버닝썬 사건으로 변한 것은 아무것도 없다. 우리가 '버닝썬'에 관심을 두지 않는 동안 폭행을 일삼고, 돈을 주고받고, 마약에 눈감고, 탈세를 저지른 '몸통'들은 증거 부족으로 불기소되거나, 해외로 도피해 처벌을 피했다. 마약이나 성폭행처럼 빼도 박도 못한 증거가 나온 몇몇 연예인만 본보기로 죗값을 받았을 뿐이다. 하지만 그것은 이 악랄한 범죄의 본질이 아니라 곁가지일 뿐이다. GHB, 이른바 '물뽕'을 이용한 성범죄를 막기 위해 발의되었던 '약물 성범죄 처벌 개정안'도 결국 국회를 통과하지 못하고 폐기되었다.

그들이 원하는 세상이, 다시 왔다.

이것이 바로 우리가 버닝썬을 다시 불러온 이유다. 버닝썬은 아직 끝나지 않았다. 그때 그들을 제대로 처벌하지 않았기 때문에, 법과 제도를 개선하지 않았기 때문에 지금도 어딘가에서 제2, 제3 버닝썬의 피해자가 나오고 있다. 우리의 무관심은 여전히 같은 일을 벌이고 있는 그들이 활개 칠 수 있는 '좋은 무대'를 만들어 주었다. 나와 상관없는 일이 아니다. 우리 주변의 누군가가 피해자였고, 피해자가 될 수 있다. 우리는 지금이라도 물어야 한다.

"왜, 제대로 처벌하지 않았습니까?"

버닝썬 게이트, 취재의 시작과 끝

2019년, 국민은 버닝썬에 분노했다. 단순 폭행 사건에서 시작된 우리의 취재는 마약, 성범죄, 인권유린, 탈세, 경찰과의 유착 의혹으로 번졌다. 관심은 뜨거웠고, 우리 사회는 이 사건을 '버닝썬 게이트'라고 명명했다.

관심이 쏟아지자, 언론은 연예인 관련 이슈로 사건을 확장했다. '버닝썬 연예인'만큼 조회 수를 올리기에 좋은 소재는 없었다. 확인되지 않은 온갖 의혹이 튀어나왔고, 대중은 이들의 이야기를 흥밋거리로 뜨겁게 소비했다. '제대로 수사하라'고 부르짖던 정치인들은 오히려 상대편을 공격하는 정쟁의 도구로 버닝썬을 악용했다. 그러는 사이 우리가 생각했던 버닝썬 게이트의 본질은 차갑게 식어갔고, 대중의 관심 또한 자연스레 멀어졌다. 그리고 그 틈을 타, 버닝썬의 '몸통'들은 모두 유유히 법망을 빠져나갔다.

우리 역시 안일했음을 고백한다. 보도를 더 이어나갔어야 했다. 당시에는 '가치 있는 보도를 했다'는 만족감에 '이만하면 됐다'고 여겼다. 이후 '부서가 다르다', '새 출입처 일로 정신없다' 등의 이유를 대며 검찰 수사와 재판 과정을 꼼꼼히 추적하지 못했다. 두 눈 부릅뜨고 끝까지 지켜봐야 했는데, 그렇게 하지 못했다. 아니, 하지 않았다.

버닝썬과 경찰, 유착 의혹

2019년 6월. '클럽에서 마약을 투약하고 있다'는 신고를 받고 파출소 경찰 2명이 출동했다. 그런데 클럽 직원들은 영업에 방해가 된다며 경찰들의 클럽 진입을 막았다. 이 과정에서 경찰들에게 폭력까지 행사했다. 해당 경찰서는 10여 명의 병력을 추가 투입했다. 그중엔 강력팀 형사들도 있었다. 경찰은 그들을 제압하고 클럽을 샅샅이 뒤졌다. 그리고 공권력을 상대로 몸싸움을 걸었던 클럽 직원 7명을 모두 특수공무집행방해 혐의로 입건했다. 나를 포함해 당시 경찰서를 출입하는 대부분의 사회부 기자들은 이날 경찰의 활약상을 기사로 다뤘다. 그리고 시청자들은 경찰의 적극적인 대응에 칭찬과 격려를 아끼지 않았다.

사회부 기자들은 오늘 하루 세상에서 벌어지는 무수히 많은 사건 중, 무엇을·왜 취재해야 하는지 고민한다. 그리고 취사선택해 기사를 쓴다. 선택의 중요한 기준 중 하나는 '특별함'이다. '경찰이 강력팀을 투입해 클럽을 수사했다'는 건 특별하지 않은 일이다. 조금 더 정확히 말하자면 '특별하면 안 될 일'이다. 당연한 일이어야 한다. 그런데 어느 순간부터 사회는 그걸 특별하다고 생각하게 되었다. 기자인 나조차도 그랬다. 클럽이 언제부터 경찰의 불가침 영역이 되었을까. 거슬러 올라가 보자.

2018년 12월 28일. '강남의 한 클럽에서 직원에게 폭행당했다'고 주장하는 20대 청년을 만났다. 112에 신고했지만, 현장에 출동한 경찰은 자신의 얘기를 들어주지 않았다고 했다. 경찰은 오히려 클럽 직원들의 말에 귀 기울였다. 그리고 폭행 피해자이자 신고자인 청년만 현행범 체포했다. 그의 등 뒤로 이른바 '뒷수갑'도 채웠다. 쓰레기통을 걷어찼다는 게 그 이유였다. 청년은 폭행으로 인해 갈비뼈 3대가 부러진 상태였다.

지구대에 도착해서도 청년의 뒷수갑은 풀리지 않았고, 치료를 위해 두 차례나 출동한 119 구급대도 '수사해야 한다'는 경찰의 말에 발길을 돌릴 수밖에 없었다. 청년의 어머니는 지구대에서 자식이 고통에 몸부림치는 모습을 고스란히 목도했다. 청년과 그의 어머니는 공권력 앞에서 한없이 무력해질 수밖에 없었다.

청년은 이날 겪었던 굴욕과 울분을 하나도 빠짐없이 내게 털어놨다. 나는 며칠에 걸쳐 그에게 같은 내용을 묻고 또 물었다. 그리고 그 내용을 녹음해 다시 들으면서 청년이 말을 바꾼 부분은 없는지, 과장을 한 건 아닌지 점검했다. 이 작업을 한 달 동안 지속했다. 직접 겪은 일을 증언하는 사람의 진술엔 일관성이 있다. 어떤 방식으로 질문해도 흔들림이 없다. 그가 그랬다.

청년은 항상 불안해 보였다. 나를 만날 때마다 같은 질문을 했다.

"정말 뉴스 나갈 수 있는 거죠?"

무엇이 그를 그렇게 불안하게 했을까. 그는 내게 털어놨던 내용을 인터넷 커뮤니티에 올린 적이 있었다. 내가 그 글을 보기 전, 이미 조회 수가 수십만 회였고, 몇몇 언론사는 그에게 접촉했었다. 그중엔 누구나 알고 있는 대형 언론사도 있었다. 하지만 번번이 취재가 중단됐다. 청년은 내게 한 제보가 마지막 희망이라고 했다.

청년을 만난 후 첫 보도가 나가기까지 꼭 한 달이 걸렸다. 보도가 나간 뒤, 함께 취재한 내 선배는 홀가분한 마음으로 미뤄왔던 겨울 휴가를 떠났다. 그런데 그때부터가 진짜 시작이었다. 버닝썬 보도가 나갈 때마다 관련 제보가 정말 '쏟아져' 들어왔다. 제보 전화를 받아주시는 분들께 죄송할 정도였다. 제보를 확인하고, 꼬리에 꼬리를 문 의문들을 추적하면서 퍼즐을 맞춰나갔다. 그럴 때마다 사건은 걷잡을 수 없이 커졌다.

나는 그해 설 연휴를 반납했다. 쉬지 않아도 힘들지 않았다. 몸을 갈아 넣어 취재하고 기사를 썼다. 이곳저곳에서 '클럽에서 사람 때린 게 기삿거리가 되냐', '기사 내용이 외설 잡지 같다'라고 비아냥거렸지만, 우리는 가치 있는 보도를 하고 있다고 믿었다.

그 결과 2019년 상반기, '버닝썬 게이트'는 대한민국을 뒤흔들었다. 우리가 버닝썬 첫 보도를 한 뒤, 조금 과장해 대한민국 모든 언론사가 우리 기사를 받아썼다. 첫 보도 후 사흘 동안 포털사이트에서 버닝썬으로 검색되는 기사만 2,000개에 육박했다. 선배들은 평생 기자 생활을 해도 한번 찾아올까 말까 할 기회를 잘 잡았다고 했다. 운이 좋았다.

마지막 남은 정의, 반성문

떠들썩했던 '버닝썬 게이트'는 어떻게 마무리됐을까. 대대적인 마약 단속을 벌인 경찰은 3개월 만에 4천 명에 육박하는 마약 사범을 검거하고, 이 가운데 920명을 구속했다. 클럽과 유착 의혹이 제기된 강남경찰서는 1년 동안 서장이 두 번 바뀌었고, 경찰청 본청은 문제를 일으킨 강남경찰서에 대해 직원 '50% 인사이동'이라는 유례없는 결정을 내렸다. 소위 잘나가는 경찰만 갈 수 있다는 강남경찰서는 기피 근무지가 됐고, 인력을 채우지 못해 공개모집까지 벌여야 했다. 하지만 그뿐이었다. 우리는 서울 강남의 일개 클럽을 통해 대한민국의 병폐와 위선을 고발했지만 딱 거기까지였다. 세상은 다시 '버닝썬 게이트' 이전으로 돌아갔다.

배우들이 시상식에서 늘 하는 수상 소감이 있다.

"지금 이 상을 주는 이유는, 이를 밑거름 삼아 더 열심히 하라는 의미로 알겠습니다."

지금 내 옆에는 그해 버닝썬 게이트를 보도하면서 받았던 수많은 상장과 트로피들이 있다. 여러 차례 상을 받으면서 나도 같은 말을 했던 것 같다. 하지만 이 말은 그저 겉멋 든 수상 소감으로 남았고, 트로피는 죄책감의 무게만큼 빛바래고 있다.

사건의 시작이었던, 폭행 피해자인 20대 청년도 어느덧 30대가 되었다. 인터뷰 녹취록을 꺼내 보지 않아도 기사를 쓸 수 있을 정도로 생생했던 기억은 점차 흐려지고, 그때 느꼈던 감정도 서서히 무뎌지고 있다. 기억이 더 사라지기 전에 당시 우리의 취재 과정, 사건의 기록, 부족했던 점들을 기록으로 남겨둬야겠다는 생각이 들었다. 같은 후회를 되풀이하지 않기 위해 이 글을 썼다. 이게 지금 내가 할 수 있는 최선의 공익이라 믿는다.

이 책은 버닝썬 최초 제보자를 처음 만난 2018년 12월 28일부터 우리의 마지막 숙제를 마친 2019년 8월 10일까지, 226일 동안의 취재 기록이자 반성문이다.

이문현

chapter 1

보도를 시작하다

chapter 2
아무도 몰랐던 그곳의 진실

chapter 3
우리 모두의 잘못, 버닝썬

버닝썬 게이트 타임라인

2018년 7월 7일 ○ 버닝썬 '미성년자 출입 사건' 발생

2018년 11월 24일 ○ 버닝썬 '김상교 폭행 사건' 발생

2018년 12월 14일 ○ 김상교, 인터넷 커뮤니티에 폭행 피해 글 게시

2018년 12월 15일 ○ 버닝썬 내 GHB 사용 태국인 성폭행 사건 발생

2018년 12월 28일 ○ MBC 취재진, 제보자 김상교 첫 만남

2019년 1월 28일 ○ MBC, 버닝썬 김상교 폭행 사건 단독 보도

2019년 1월 29일 ○ MBC, 경찰의 '독직폭행' 의혹 제기

2019년 1월 30일 ○ 서울경찰청, 버닝썬 사건에 광역수사대 투입

2019년 1월 31일 ○ MBC, 태국인 성폭행 의혹 보도

2019년 2월 1일 ○ MBC, 버닝썬 내 마약 투약·유통 의혹 보도

2019년 2월 7일 ○ 버닝썬 대표, "마약 유통 사실이면 클럽 폐쇄"

(언론사 인터뷰)

	MBC, 버닝썬 마약 유통 의혹 추가 보도 시작
2019년 2월 13일	광역수사대, "몇십억 버는 클럽서 마약 유통하겠나"
	(기자간담회 발언)
2019년 2월 14일	경찰, 버닝썬-역삼지구대 압수수색
2019년 2월 16일	마약 유통책으로 지목된 버닝썬 MD 애나,
	경찰 자진 출석
2019년 2월 17일	버닝썬 영업 종료
2019년 2월 21일	MBC, 경찰-버닝썬 유착 의혹 연속 보도
2019년 2월 22일	경찰, 유착 의혹 관련자들 소환 조사 시작
2019년 2월 27일	승리, 밤 9시 경찰 기습 출석
2019년 3월 7일	MBC, 버닝썬 탈세 의혹 연속 보도
2019년 3월 11일	경찰, 승리 출국금지 명령
	승리, 연예계 은퇴 선언
2019년 3월 15일	유착 연결고리로 지목된 전직 강남경찰서 경찰 구속

2019년 3월 27일	MBC, 버닝썬 대만인 투자가 '린 사모의 횡령' 보도
2019년 4월 19일	버닝썬 대표, 마약 투약 혐의로 구속
2019년 4월 26일	경찰, 마약 관련 혐의 '애나' 기소 의견 송치
2019년 5월 15일	경찰, 수사 결과 발표
	경찰, 김상교 폭행한 클럽 이사 기소 의견 송치
	경찰, '독직폭행' 의혹 경찰관 불기소 의견 송치
	경찰, '버닝썬-역삼지구대' 유착 의혹에 "정황 없다"
2019년 5월 31일	강남구청, 버닝썬에 4개월 영업정지 처분
2019년 6월 4일	'약물 사용 성범죄' 관련 형법 개정안 발의
2019년 8월 10일	경찰, GHB 관련 수사 지침 가이드 배포
2019년 8월 14일	법원, 유착 의혹 전직 경찰에 징역 1년 선고
2019년 11월 28일	법원, 버닝썬 대표 징역 1년 실형 선고

2020년 1월 31일   검찰, 유착 의혹 경찰에 '증거불충분' 불기소 처분

2020년 6월 25일   대법원, 유착 의혹 전직 경찰에 무죄 선고

경찰은 모든 것을 부정했다.

그들은 자신들이 확인을 해준 것만이 '사실'이라고 했다.

그래서 우리의 기사를 거짓이라고 했다.

우리는 그들의 오만한 인식에 의문을 제기하며 취재를 이어갔다.

버닝썬 취재도 이렇게 시작됐다.

chapter

1

보도를
시작하다

이것이 우리의 일이다

경기도의 한 한옥 밀집 지역. 서울과 인접하지만 사람들 발길이 뜸한 곳이다. 노인분들이 많고 오랫동안 함께 지낸 사이다 보니, 마을의 의사 결정은 대부분 이장님이 했다.

겨울이 시작될 무렵, 취재를 위해 이 마을에 사는 노부부의 집을 찾았다. 길이 정비되지 않아 취재 차량을 운전하는 형님이 진땀을 흘렸다. 얼마나 언덕을 올랐을까. 산과 맞닿은 노부부의 집에 도착했다. 한눈에 봐도 연식이 오래된 2층짜리 빨간 벽돌집이었다. 할머니의 손길이 닿지 않은 곳이 없는 듯, 낡았다기보다 정갈하다는 느낌이 들었다.

그런데 자세히 보니 나무로 마감한 벽면의 아귀가 맞지 않았다. 창틀 곳곳에는 금이 가 있었다. 화장실 벽면에 붙은 타일이 깨져 바닥에 뒹굴고 있었다. 상황은 이랬다. 몇 개월 전부터 산 너머에서 폭발 소리가 들려왔다. 새벽부터 밤까지 수시로, 시도 때도 없이 들렸다. 노부부는 소리 때문에 잠을 잘 수가 없었다. 심지어 폭발음이 들릴 때

보도를 시작하다

마다 집 안에서 진동이 느껴졌다.

"집이 무너지기라도 할까 봐, 너무 무서워서…."

며칠 지나면 괜찮아지겠지 하면서 참았는데, 수개월 동안 이어졌다고 했다. 알고 보니 근처에서 지하철 연장 공사를 하면서, 폭약을 사용해 터널을 뚫고 있었다. 8호선이나 9호선처럼 서울에서도 지하철 연장 공사를 하는 곳을 어렵지 않게 볼 수 있다. 도심에선 폭약 대신 기계로 터널을 뚫는다. 폭발로 인한 진동이 강력해 주변 건물에 균열이 생길 수 있기 때문이다.

시간은 돈이다. 폭약을 쓰면 단번에 뚫어버릴 수 있는데, 기계를 사용해 파면 몇 날 며칠이 더 걸린다. 비용도 곱절 이상 든다. 그러다 보니 인구 밀도가 낮고, 높은 건물이 없는 곳에서는 폭약을 사용하는 경우가 꽤 있다. 당연히 폭발로 인한 진동이 발생한다. 이때는 인근 주민들에게 이 사실을 알리고, 필요하다면 적정한 보상을 해줘야 한다. 하지만 이 공사업체들은 그렇게 하지 않았다. 터널을 뚫는 데 폭약을 사용했다는 사실을 알게 된 마을 사람들이 공사 현장과 관할 지방자치단체에 몰려가 항의를 해봐도 돌아오는 답은 똑같았다.

"선생님들 마을은 폭발 피해 기준 반경을 벗어나 있어서 협의 제외 대상이에요."

혹시 이 집만 그런 건 아닐까 하는 생각에 옆집으로 가봤다. 외벽은 물론, 집안도 벽지가 찢어질 정도로 벽에 균열이 심했다. 공장에서 고된 노동을 마치고, 밤에 지친 몸을 달래는 외국인 노동자의 집이었다. 그는 폭발음이 날 때마다 집이 무너질까 봐 공포에 시달렸다고 한다. 결국 그는 고용주에게 새집을 구해달라고 요청해 방을 뺐다.

몇 년 전, 손수 지었다는 젊은 부부의 집도 마찬가지였다. 건물 외관과 벽지, 가전제품들은 전부 새것이었지만, 집 상태는 전혀 새 집이라고 볼 수 없었다. 내부 곳곳에는 30년이 넘은 것처럼 미세한 균열들이 어지럽게 나 있었다. 심지어 1년 전 보수 공사를 마쳤다는 근처 문화재에서도 쩍쩍 금이 간 곳을 찾을 수 있었다.

마을 사람들이 거짓말하는 것 같지 않았다. 전문가를 섭외해 다시 마을에 갔다. 새벽 5시, 벽면에 설치할 수 있는 소형 카메라를 들고 노부부의 집을 다시 찾았다. 창틀, 화장실, 문지방에 카메라를 설치한 뒤 노부부 앞에는 인터뷰용 카메라를 놓았다. 그리고 폭발을 기다렸다.

'쿵쿵쿵쿵쿵쿵!'

새벽 6시가 지나자 첫 폭발음이 들렸다. 처음에는 작았던 소리가 점점 커졌고, 곧 카메라들이 일제히 들썩거렸다. 카메라 앞에서 돋보기 안경을 쓰고 뜨개질을 하던 할머니가 대수롭지 않게 말했다.

"거봐, 우리 말 맞지. 우리 경우 없는 사람들 아니야."

몇 시간 뒤, 약속했던 진동 전문가가 노부부 집에 도착했다. 현관문 앞에 진동 측정기를 설치했는데, 막상 측정해보니 발파 진동 허용 기준치보다 진동이 작게 나타났다.

아마 시공사 측은 이 수치를 알았을 것이다. 그러니까 마을 사람들이 몰려가도 눈 하나 깜빡하지 않았겠지. 당연히 공청회를 열고 내용 설명을 하는 절차도 없었다. 괜히 긁어 부스럼이 될까, 보상금 이야기를 꺼내지도 않았다. 주민들이 문제를 제기하면 진동 수준이 기준치

이하라고 반박할 객관적 자료가 이미 그들 손에 쥐어져 있었기 때문이다. 하지만 전문가의 설명은 달랐다.

"하루 이틀이면 몰라도, 하루에 수 차례, 몇 달 동안 누적되면 얘기가 달라집니다."

폭약은 위험물이라서 관할 경찰서에서 매일 분출량을 확인한다. 경찰에 확인했더니, 공사장의 폭약 사용량도 증가하는 추세였다. 적어도 최근 폭발음의 세기와 진동의 강도가 강해졌다는 마을 주민들의 주장은 사실로 확인됐다.

공사 현장으로 갔다. 시공사 측은 예상대로 작업 현장과 마을이 멀리 떨어져 있고, 공사 전 진동을 확인한 결과 문제가 없다고 설명했다.

"왜 유독 그 마을만 과민 반응을 보이겠어요? 보상금을 노리고 제보한 거 아니겠어요?"

예상했던 반응이다. 이럴 땐 객관적인 자료로 반박해야 한다. 건물의 균열, 진동의 세기, 전문가의 지적, 경찰서에서 확인한 폭약 사용량까지 하나씩 제시하자, 그제야 시공사 관계자의 태도가 바뀌었다.

"주민들을 만나보긴 해야겠네요. 그런데 이거 뉴스거리는 아니죠?"

아니, 이런 게 뉴스가 된다. 방송 뉴스 소재로는 더더욱 좋다. '마을 주민들이 발파 공사로 진동 피해를 호소하고 있다.' 이 한 문장으로는 집안이 어떻게, 얼마나 흔들리는지 전부 설명할 수 없다. 하지만 집안이 흔들리는 영상과 함께 주민들의 공포감을 표현해낸다면 무슨 다른 말이 더 필요할까. 시청자들이 느끼는 충격은 배가 될 것이다.

발파 사실을 주민들에게 알리지 않았던 시공사는 보도가 나간 뒤,

마을 이장님과 주민들을 모아 공청회를 열었다. 자신들 책임이 아니라며 '시공사에 가서 문제를 제기하라'고 말했던 지자체도 시공사와 대책 논의를 시작했다. 금이 쩍쩍 간 문화재의 피해 상황을 파악하지 못했던 문화재청도 그제야 문제의 심각성을 인지하고 현장 점검을 벌였다.

기자의 역할은 '아직 세상에 알려지지 않은 사건을 취재해 보도하는 것'이다. 장애인 보호 시설과 어린이집에서 벌어지는 숨겨진 학대, 신도들을 상대로 성폭행을 일삼는 목사, 내부 정보로 땅 투기하는 공무원과 공기업 직원들, 납품업체 직원들을 노예처럼 부리는 대기업까지. 우리는 잘 지켜보고, 정리하고, 시청자들 대신 상대에게 질문한 결과물을 보도한다. 경찰이나 검찰 같은 수사기관이 언론 보도를 보고서야 수사에 착수하는 경우도 적지 않다. 가끔은 경찰이 먼저 기자에게 전화를 걸어 취재 자료를 요청하기도 한다. 공무원들은 기자들의 보도를 참고해 정책 방향을 결정하고, 현재 행정 조치에 문제가 있다면 시정 조치를 취한다. 이게 우리의 일이다.

처음 기자 업무를 시작한 2014년, SBS에서 사회부 기자 이야기를 다룬 드라마 〈피노키오〉가 방영됐다. 거짓말을 하면 딸꾹질을 하는 가상의 질환, 이른바 '피노키오 증후군'이 있는 배우 박신혜가 수습기자로 나오는 드라마다.

어느 겨울 날, 박신혜는 동기와 함께 '빙판길 사건 사고 리포트' 제작을 위해 경사가 심한 주택가 골목길을 찾았다. 그런데 어린아이들이 미끄러져 넘어질 것 같은 위험한 모습을 보고, 연탄을 깬 빙판에 뿌렸다. 사람들이 '제대로 넘어지는 실감 나는 모습'을 영상에 담아야 했는데 스스로 망쳐버린 것이다. 결국 이 아이템은 뉴스로 나가지 못했다. 왜 그랬냐는 사회부 '캡' 김광규의 질문에 수습기자들은 '기자도 사람을 구하고, 공익을 생각해야 하지 않겠냐'고 항변한다. 이에 캡은 이렇게 호통을 친다.

"기자의 공익은 지켜보고, 본 것을 뉴스로 만들고, 그 뉴스를 온 세상이 보게 만드는 거다. 빙판길 뉴스가 나갔다면 구청 직원들은 제설함을 설치했을 거야. 사람들은 집 앞의 눈을 치웠을 거고, 넘어질까 봐 주머니에서 손을 빼고 다녔을 거다. 너희가 '뻘짓'하는 동안 수백, 수천 명 구할 기회가 날아간 거야!"

– 드라마 〈피노키오〉 중에서

여유로웠던 그날 아침

나는 경찰서로 출근한다. 이곳이 내 출입처이자 '일터'이다. 출입처는 기자가 담당하는 '취재 영역'이라고 보면 된다. 당시 나는 경찰서를 출입하는 사회부 기자였다. 1~2년에 한 번씩 부서 이동으로 출입처가 바뀌는데, 그럴 때마다 회사를 옮기는 기분이다.

경찰서를 출입하는 나의 취재원들은 당연히 경찰, 그리고 경찰서를 들락날락하는 피의자들이다. 그래서 사회부 사건 담당 기자들을 보통 '경찰 기자'라고 부른다. 하지만 매일 경찰 사건만 쓸 수만은 없는 노릇이다. 남들과 다른 기사를 보도하려면 경찰서 밖 세상을 알려줄 다양한 취재원의 도움이 필요하다. 그래서 법조인, 공무원, 시민단체, 기업인, 때로는 국정원 직원까지. 다양한 분야에 많은 취재원을 두고 있는 게 유리하다. '단독' 기사, 또는 '나만의 기사'를 쓰기 위해서다.

언론사마다 '경찰 기자'를 운용하는 방식은 조금씩 다르지만, 서울시를 동서남북으로 쪼개 구역별로 '~라인'이라고 이름 붙여 기자들을

보도를 시작하다

배치하는 것은 비슷하다. 대부분 '영등포 라인', '종로 라인', '마포 라인', '강북 라인', '강남 라인' 등으로 나눈다. 물론 각 라인마다 특징이 있다.

'영등포 라인' 기자들은 국회를 담당한다. 주로 국회의원들이 수사받는 일이 생기면 바빠진다. 지난 국회에서 '패스트트랙'을 두고 여야가 충돌했을 때 국회의원 104명이 수사받은 사례가 대표적이다. 게다가 금융기관이 여의도에 몰려 있어서, 금융이나 증권 분야에 대한 이해가 부족하면 '스스로도 이해하기 어려운' 기사를 써야 할 일이 많다. 여러모로 어려운 출입처다.

'종로 라인' 기자들은 서울 종로구와 중구, 용산구, 성북구 등을 담당한다. 수시로 집회·시위가 벌어지는 광화문과 청와대를 끼고 있다. 대표적인 시민단체인 참여연대도 종로구에 있다. 평소 경찰뿐 아니라 시민사회단체 수십 곳과 필수적으로 교류해야 한다.

'마포 라인' 기자들은 마포구, 서대문구, 은평구 등 서울의 북서쪽을 맡는다. MBC를 비롯한 여러 언론사가 마포구 상암동에 위치한다. 그러다 보니 동종업계에서 발생하는 사건들을 취재할 일이 많다. 여기에 신촌 주변 대학들을 취재할 일이 많고, 홍대 앞 유흥가에서 벌어지는 사건·사고들을 자주 접하게 된다.

'강북 라인' 기자들은 주거 밀집 지역을 맡다 보니 생계형 범죄를 많이 접한다. 서울 노원구, 도봉구, 강북구, 중랑구 등 지리적 범위가 상당히 넓은 북동쪽을 담당한다. 사건이 터지면 언제든 현장으로 달려가야 하는 사회부 기자 입장에서는 부담스러운 곳이다. 물론, 이는 경험을 바탕으로 한 매우 주관적인 의견이다.

그리고 마지막 '강남 라인' 기자들은 서울 강남구, 서초구, 송파구, 강동구, 성동구, 광진구, 이렇게 6개 구를 담당한다. 이중에서 가장 중요한 출입처는 단연 강남경찰서다. 해당 관할 지역에서 단순 폭행 사건 외에도 마약이나 사기 같은, 조금 더 특수한 사건들이 많이 벌어지기 때문이다. 연예인과 스포츠 스타처럼 '알려진 사람들'이 일으킨 사고를 강남경찰서가 맡아 처리하는 경우도 잦다.

사건의 규모도 다른 경찰서와 다르다. 예를 들어 다른 경찰서에서 담당하는 사기 사건의 피해 금액이 몇억 원 수준이라면, 강남경찰서에서 맡는 사건은 보통 수십, 수백억 단위로 올라간다. 그러다 보니 언론 주목을 받을 일이 많고, 능력이 뛰어난 경찰들이 모이는 곳이다. 강남경찰서에 오래 근무한 경찰들은 스스로를 '강남맨'이라고 부르는 등 자부심도 상당하다.

언론사는 보통 각 라인마다 2~3명의 기자를 둔다. 선임은 1진, 그다음은 2진, 막내는 3진 또는 말진이라고 부른다. 또 사회부에는 사건기자들을 총괄하는 기자가 있는데, 통상 그를 캡틴의 앞 글자를 따 '캡'이라고 부른다. 캡은 매일 사회부 아이템을 기획하고, 업무를 담당할 인력을 배치한다. 사회부 기자들은 현장에 투입되는 일이 많다 보니, 타 부서에 비해 몸이 고되다. 그런 만큼 신바람 나게 일하도록 이끌어주는 것이 캡의 중요한 역할 중 하나다. 캡은 하루에도 기자들의 보고 전화를 수십 통씩 받으면서 사회부장과 데스크(현장기자가 송고한 기사를 1차 편집하는 고참 기자), 그리고 일선 기자들을 연결한다.

보도를 시작하다

'강남 라인'은 소위 '큰 기사'가 많이 나오는 곳이다. 당연히 언론사 사이에 보도 경쟁도 치열하다. 2018년 12월 버닝썬 취재를 시작할 무렵의 강남 라인 1진은 박윤수 기자, 2진은 나, 3진은 홍의표 기자였다. 우리의 출근 시간은 보통 직장인들보다 이르다. 밤새 발생한 사건·사고 가운데 중요해 보이는 것들을 확인하고, 일정을 정리해 보고해야 하기 때문이다. 거기다 다른 언론사에서 '단독 기사'가 보도되면 해당 보도가 사실인지, 과장은 없었는지 일일이 파악해 보고해야 한다. 그래서 나는 매일 아침 7시쯤 강남경찰서로 출근했다. 5층 기자실에 도착하면 아침 6시에 출근하는 석간신문기자 한 명이 먼저 출근해 있었고, 내가 항상 그다음이었다.

보통 각 방송사 메인 뉴스에 나가는 2분 남짓한 뉴스 보도를 리포트라고 한다. 캡은 매일 각 라인에서 들어오는 아침 보고를 확인하고, 리포트로 내보낼 내용이 있으면 해당 라인 기자에게 전화를 걸어 추가 취재를 지시한다. 우린 이를 '총 맞았다'고 표현한다. 그래서 캡과의 아침 대화는 기자가 하루를 어떻게 보내게 되는지 결정하는 가장 중요한 순간이다.

그날은 따로 발제한 리포트도 없었고, 총도 맞지 않았다. 간만에 여유로운 날이었다. 아침 보고가 끝나면 커피를 마시면서 30분쯤 쉬곤 했다. 오랜만에 달달한 커피가 마시고 싶어졌다. 용량이 큰 종이컵에 두 봉지의 믹스커피를 타서 휴게실로 나가는데, 박윤수 선배의 연락이 왔다. 다 읽기도 전에 믹스커피를 괜히 탄 것 같다는 '아주 불길한' 예감이 들었다.

커뮤니티에 올라온 황당한 글

2018년 12월 21일 금요일. 강남 라인 카카오톡 단체 대화방에 새 알람이 올라왔다. 박윤수 선배가 링크와 메시지를 보냈다.

"문현아, 이거 사실인지 알아봐."

온라인 커뮤니티 '보배드림'에 올라온 제보 글이었는데, 아주 황당한 내용이었다. 대략 정리하면 이렇다.

'강남 클럽 '버닝썬'에서 술을 마시다가 보안요원에게 폭행을 당해 갈비뼈가 부러졌다. 경찰에 신고를 했는데, 현장에 출동한 경찰이 폭행 가해자는 찾지 않고, 오히려 흠씬 두들겨 맞은 나를 '뒷수갑' 채워 현행범으로 체포했다. 체포 과정에서도 경찰은 나를 폭행했고, 갈비뼈가 부러져 숨쉬기 어려운데도 지구대에 2시간 동안 방치됐다. 구급대원들이 지구대에 왔지만, 경찰이 그냥 돌려보내 치료조차 못 받았다.'

보도를 시작하다

글쓴이는 피범벅이 된 자신의 얼굴과 실명을 공개했다. 그가 바로 김상교다.

'술에 취해 싸웠을 수도 있고, 아니면 클럽 보안요원에게 먼저 주먹 질을 했다가 맞았을 수도 있겠지….'

누구든지 자신에게 불리한 부분은 축소해서 말한다. 처음 이 글을 읽었을 때도 같은 생각이었다. 김상교가 실제로 보안요원에게 폭행을 당했다고 할지라도 폭행 자체는 기사화하기 어렵다. 사실 지금도 전국 어딘가에서 폭행 사건은 수도 없이 벌어지고 있다. 어떤 사건을 기사 화하기로 결정할 때 가장 중요한 기준이 바로 '희귀한 사건이어야 한 다'라는 것인데, 폭행은 너무 흔했다.

그런데 이번 폭행 사건은 달랐다. 경찰이 가해자를 잡지 않고, 피해 자만 현행범 체포를 했다는 주장 때문이었다. 게다가 경찰이 환자를 2시간 동안 지구대에 방치했다고? 이건 하나하나 취재해서 문제로 지 적해볼 만한 사안이었다. 다만 한 가지가 마음에 걸렸다.

'경찰이 폭행을 했다고?'

이 부분에서 글쓴이에 대한 신뢰도가 확 떨어졌다. 경찰이 피의자 나 피해자를 폭행하는 게 흔한 일도 아니었고, 경찰서 중 언론의 주 목도가 가장 높은 강남경찰서 경찰관이 누군가를 폭행했다는 말은 믿기 어려웠기 때문이다.

'정말로 경찰이 폭행을 했을까? 만약 그게 사실이라고 해도, 어떻게 입증하지?'

김상교의 주장만으로는 취재를 이어갈 자신이 없었다. 게다가 그가 글을 올린 시점은 '2018년 12월 14일.' 무려 일주일 전이었다. 조회 수는 이미 50만에 육박했다. 글을 볼만한 사람들은 이미 다 봤다는 말이었다.

'누군가 기사를 썼겠지?'

그런데 생각과 달랐다. 소셜미디어와 온라인 커뮤니티에서는 충분히 퍼 날라져 쉽게 검색됐지만, 사건을 취재해 보도한 기사는 단 한 건도 없었다. 고개를 갸웃거릴 수밖에 없었다.

기사 없는 것 보면 모르겠어요?

　사건이 벌어지면, 대부분 경찰서 산하 지구대원들이 현장에 가장 먼저 도착한다. 이들은 현장에서 1차 조사를 진행하고 그 내용을 각 경찰서 생활안전과로 보고한다. 그리고 보고를 받은 생활안전과는 사건 성격에 따라 사건을 담당 과로 넘긴다. 폭행이나 절취 사건은 형사과, 사기 사건은 경제과, 속칭 '사이즈'가 큰 사기 사건은 지능범죄수사팀, 이렇게 말이다.

　대부분의 기자는 경찰서 형사과장과 친해져 끈끈한 유대관계를 유지하기 위해 노력한다. 신속한 보도를 위해 사건 내용을 빠르게 확인하려면 형사과장에게 물어보는 것이 가장 정확하기 때문이다. 사건이 터지면 형사과장에게는 기자들의 연락이 빗발치는데, 그도 사람인지라 바빠도 친분 있는 기자의 연락은 받는다.

　클럽에서 벌어진 폭행 사건이니, 일단 형사과장에게 전화했다. 버닝썬 얘기를 듣자마자 대뜸 돌아온 답변은 다음과 같았다.

"다른 기자들 다 물어볼 동안 MBC만 뭐했어?"

"기사 쓴 곳 없던데요?"

"그러니까, 별일 아니니까 기사가 없는 거 아니겠어?"

이미 기자들이 사건을 물어봤다는 것이다. 그것도 여러 명. 형사과장은 '경찰이 때린 적도, 과잉 대응한 적도 없으며, 그냥 클럽에서 벌어진 일반적인 폭행 사건'이라고 강조했다. 사건에 경찰이 얽혀있는 만큼, 좀 조심스럽게 설명할 법도 한데 너무나도 당당한 모습이었다.

전화를 끊고, 강남경찰서 생활안전과에도 전화해봤다. 역시 마찬가지였다. 강남경찰서 출입기자만 50명이 넘는다. 여기에 무수히 많은 인터넷 언론사도 확인 전화를 했을 것이다. 그런데 왜 기사가 없을까. 그러다 조금씩 생각이 바뀌기 시작했다.

'만약 경찰이 과잉 진압을 했다면, 순순히 인정할 수 있을까?'

처음에는 김상교의 주장이 못 미더웠는데, 경찰이 저렇게 당당하게 나오는 걸 보니 경찰에 대한 의심이 싹텄다. 무엇보다도 아직 조사를 마치지도 않았을 텐데, 무조건 부인하는 경찰의 말을 그대로 신뢰하기가 어려웠다. 곧바로 취재 차량을 운전해주는 형님에게 전화를 걸었다.

"형님, 5분 뒤에 출발할 수 있을까요?"

"오케이, 바로 내려와."

기사 한 줄 없었던 이유

기자에게 변하지 않는 진리가 하나 있다면 '현장이 답'이라는 것이다. 특히 사회부 사건 담당 기자라면 더더욱 그렇다. 현장에 가면 단서를 만날 수 있다. 교통사고 현장이라면, 차량이 들이받은 충격으로 엿가락처럼 휘어진 가드레일과 치워지지 않은 차량 파편, 깨진 유리 조각이 남아있을 수 있다. 목격자를 만난다면 사건이 벌어지던 생생한 '목격담'도 들을 수 있다. 모두 취재에 중요한 정보이자, 기사에 담을 수 있는 소재가 된다.

방송기자에게는 과제가 하나 더 있다. 사건이 벌어진 모습이 담긴 영상을 확보하는 것이다. 나는 영상을 못 구했는데, 다른 방송사에는 사고 순간이 생생히 담긴 영상이 보도된다면 어떨까. 상상하기도 싫다. 이런 일을 이 바닥에서는 '물 먹었다'고 말한다. 물을 먹지 않으려면 현장에서 '발바닥에 불이 나도록' 뛰어다녀야 한다. '물을 먹이는 기자'와 '물을 먹는' 기자는 현장에서 얼마나 노력하는지에 따라 결정된다.

특히 CCTV는 중요한 자료다. 현장 상황이 고스란히 찍히기 때문이다. 우리는 길거리 곳곳에서 방범용 CCTV들을 어렵지 않게 만날 수 있다. 경찰도 객관적 자료인 CCTV로 사건의 시시비비를 가린다. 서울시 25개 자치구는 제각각 관제실을 두고 CCTV를 관리하는데, 사건이 생기면 경찰이 해당 구청에 영상을 요청해 수사에 활용한다. 그런데 기자에게는 이 영상을 주지 않는다. 〈개인정보 보호법〉에 저촉된다는 것이 이유다. 그래서 기자들은 국민의 알 권리와 개인정보 보호, 상충되는 두 개 가치 사이에서 언제나 갈등을 겪는다.

그렇다고 포기할 수 없다. 길거리엔 우리가 생각하는 것 이상으로 훨씬 많은 CCTV가 구석구석을 비추고 있다. 치킨집, 분식집, 편의점에 설치된 CCTV는 사장님 개인 소유라서 그분들이 허락하면 확보할 수 있다. 이미 며칠 전에 벌어졌던 사건이, 주차장에 세워둔 차량의 블랙박스에 고스란히 찍힌 경우도 있다. 지금도 나는 길을 걸으면서 CCTV의 위치와 방향을 확인한다. 일종의 직업병이다.

폭행 사건이 벌어진 클럽은 서울 지하철 9호선 신논현역 바로 앞에 위치한 특급호텔인 '르메르디앙 호텔' 지하에 있었다. 현장에 도착했는데, 주변에 내가 구할 수 있는 CCTV가 단 한 개도 없었다. 온통 호텔에서 운영하는 CCTV뿐이었다. 눈앞이 캄캄했다.

호텔은 당연히 〈개인정보 보호법〉을 이유로 외부에 CCTV 영상을 공개하지 않을 것이다. 블랙박스 영상이라도 찾아보려고, 근처에 주차된 차들이 있는지 살펴봤지만 헛수고였다. 현장이 호텔 메인 로비 근처라 장기 주차 차량이 있을 리 없었다. 클럽과 호텔에 영상 요청을

보도를 시작하다

해보려다, 그냥 발길을 돌렸다. 굳이 그들에게 우리가 무슨 취재를 하고 있는지 먼저 알려줄 이유는 없다.

그제서야 기사 한 줄 안 나오는 이유를 이해했다. 피해자가 인터넷에 올린 글 외에는 어떤 것도 손에 쥘 수 있는 증거가 보이지 않았다. 경찰들과의 통화 내용과 현장의 상황. 그리고 내가 받은 느낌을 고스란히 박윤수 선배에게 보고했다.

"이 정도 알아봤으면 됐다. 다른 아이템 찾으면 되지. 더 힘 뺄 필요 없다."

박 선배는 웬만해서는 후배를 쪼아대지 않는다. 내 보고가 성에 차지 않을 때는 본인이 직접 다른 경로로 보강 취재를 하고, 내게 팁을 준다. 이날도 박 선배에게는 대안이 있었다. 선배는 "김상교에게 연락이 오면 만나 보자"고 했다. 그에게 커뮤니티 사이트를 통해 쪽지를 보냈으니 답을 기다려보자는 것이었다.

그와의 첫 만남

2018년 12월 28일 금요일. 그날 아침도 박 선배의 카톡으로 하루를 시작했다.

'010-XXXX-8881. 그 글 쓴 사람이다. 만나보고 와.'

박 선배가 그에게 쪽지를 보내고 정확히 일주일 뒤에 연락이 왔다. 온라인 커뮤니티에서 자신에게 오는 쪽지까지 확인하는 사람이 얼마나 있을까. 박 선배가 김상교에게 쪽지를 보냈다고 했을 때, 사실 답장을 기대하지 않았다. 박 선배도 마찬가지였을 것이다. 그래서 그동안 구글 검색은 물론 강남에서 클럽 꽤나 다니는 취재원들 상대로 김상교를 수소문하고 있었는데 번번이 실패했다. 그런데 기대도 안 했던 방식을 통해 연락이 닿은 것이다. 예상치 못한 곳에서 일이 풀렸다.

나는 늘 중요한 일을 시작하기 전, 비누 거품을 듬뿍 손에 묻히고 오랜 시간 동안 뽀독뽀독 소리가 날 때까지 씻는다. 손을 씻고 전화를 걸었다. 전화 신호음이 끊어질 때쯤, 김상교가 전화를 받았다.

"안녕하세요, MBC 이문현 기자입니다. 박윤수 기자에게 연락처를 주셨죠? 전 후배 기자인데요, 올려주신 글과 관련해서 여쭤볼 내용이 있는데, 가급적 오늘 만나서 얘길 들어보고 싶어요. 혹시 가능하신가요?"

오후 3시, 마포구 상수역 근처 스타벅스에서 만나기로 했다. 금요일 오후라 커피숍은 이미 만석이었다. 카운터 인근, 매장 중간의 애매한 자리만 남아 있었다. 그렇다고 지금 와서 장소를 바꿀 수도 없는 노릇이라 그 자리에 앉아 기다렸다. 어떤 사람인지 궁금했다. 경험상 이런 취재는 실패할 확률이 높았다. 취재원이 진실하지 않거나, 자신의 잘못을 숨기는 경우가 대부분이었기 때문이다. 다른 것들 다 떠나서 이번만큼은 그가 진술한 사람이었으면 좋겠다는 생각이 간절했다.

김상교가 들어왔다. 나는 그를 알아봤고, 김상교도 나를 곧바로 알아봤다. 김상교는 꾸밀 줄 아는 남자였고, 그날도 한껏 멋을 내고 왔다. 하지만 표정은 지쳐있었고, 확신이 없어 보였다.

"우선 올리신 글은 다 봤습니다. 대략 내용은 알고 있는데, 어떤 상황이었는지 조금 더 구체적으로 설명해주실 수 있을까요?"

2018년 11월 24일 토요일 새벽. 김상교는 일을 마치고 친구 생일파티를 하려고 클럽 '버닝썬'에 갔다. 첫눈이 내렸다. 새벽 6시쯤 눈을 보러 친구들과 밖으로 나가려다가 한 남성과 시비가 붙었고, 이내 그 남성에게 폭행을 당했다. 주변은 아수라장이 됐고, 클럽 영업팀 이사였던 송진원(가명)과 다른 보안요원들이 김상교를 밖으로 끌어냈다. 그리고 송진원의 무차별한 폭행이 시작됐다. 현장에 있던 다른 가드들이 자신을 잡고 있어, 반항 한 번 못해보고 몸을 샌드백처럼 내줄 수밖에 없었다.

그렇게 수없이 맞았고, 갈비뼈 세 대가 부러졌다. 2018년의 첫눈이 오는 날, 김상교는 아스팔트 바닥에 쓰러져 떨어지는 눈을 바라봤다. 수치스러웠다. VIP 출입구 앞. 클럽 손님들뿐만 아니라 호텔 손님들도 수없이 오가는 상황에서 죽고 싶을 만큼 부끄럽고 창피했다.

폭행이 끝나자 송진원과 클럽 관계자들은 사라졌다. 김상교는 경찰에 신고했다. 클럽 직원들에게 폭행을 당했고, 갈비뼈가 부러진 것 같다고 했다. 그리고 자신을 때린 이들이 클럽 안으로 사라졌다고 경찰에 말했다. 한참을 기다린 끝에, 경찰차 두 대가 도착했다. 이미 클럽으로 숨어버린 송진원과 일행들을 나오게 하려고 쓰레기통을 엎으며 그들에게 "다 나와!"하고 소리쳤다. 자신을 말리려는 클럽 직원의 뒤통수도 한 대 갈겨줬다.

'경찰이 왔는데 또 나를 폭행할 수 없겠지….'

하지만 이 행동이 문제가 됐다. 사실 내가 가장 궁금했던 부분은 경찰이 그를 폭행했다는 부분이었다. 평소 같으면 제보자의 말을 끊고 내가 궁금한 것들을 먼저 물어봤겠지만, 이날은 이야기를 듣는 내내 숨이 턱턱 막혀서 도저히 말을 끊을 수 없었다.

"그다음은 어떻게 됐죠?"

간절하게 경찰을 기다렸던 김상교는 '내가 신고자이고, 나를 때린 놈들이 클럽으로 들어갔다'고 외쳤다. 그리고 폭행 장소를 정확히 촬영하는 CCTV를 가리키면서 "저기에 증거가 다 담겨 있을 거예요!"라고 소리쳤다. 그렇게 모두 해결됐다고 생각했다. CCTV에 폭행 장면이 녹화되었을 것이고, 자신을 때린 사람들도 멀리 가지 못했으니 그들이 현행범으로 체포되리라 생각했다. 하지만 아주 큰 착각이었다는 것을 곧 깨달았다.

경찰관은 김상교의 말을 듣는 둥 마는 둥 하며 시간을 끌었다. 클럽 안으로 들어가서 가해자를 찾는 시늉조차 없었다. 당연히 클럽 측에 CCTV 영상을 요구하지도 않았다. 그는 '빨리 가해자를 찾아 달라'고 경찰을 향해 부르짖었지만 소용없었다.

김상교는 다시 아스팔트 바닥에 눕혀졌다. 경찰이 그를 제압한 것이다. 그를 둘러싸고 있던 클럽 직원들이 가세했다. 직원들은 김상교의 몸을 짓눌러 경찰이 '뒷수갑'을 쉽게 채우도록 도왔다. 클럽 직원들은 쓰러진 김상교를 향해 비웃음을 날렸다.

'뒷수갑'은 반항이 세거나 도주의 우려가 있는 피의자의 팔을 뒤로 결박해 수갑을 채우는 것이다. 피의자가 구속영장 실질심사를 받으러 경찰서에서 법원으로 이동할 때, 경찰이 피의자를 언론의 포토라인에 세우는 경우가 있다. 그때 수갑을 찬 형태는 '앞수갑'이며, 당연히 뒷수갑이 훨씬 불편하다. 갈비뼈가 부러진 상태였다면 그 고통은 더욱 심했을 것이다.

현행범으로 체포된 김상교는 순찰차에 내던져졌다. 폭행 피해자인 자신이 뒷수갑을 차고 순찰차로 끌려가는 상황이 너무나 억울했다. 몸에 힘을 주며 저항했지만, 그럴수록 경찰은 더 세게 제압했다.

누군가 손댄 증거 영상

김상교의 기억은 구체적이었다. 하지만 몇 번 더 만나 김상교가 계속 같은 증언을 하는지 확인할 필요가 있었다. 방금 전 대화는 녹음해뒀다. 혹시 김상교가 거짓말을 한 건 아닌지, 과장한 부분은 없는지 계속 확인할 생각이었다.

사실 김상교가 거짓말을 한다는 생각은 들지 않았다. 다만 그의 주장을 증명할 목격자와 CCTV가 없다는 게 문제였다. 사건이 벌어진 날 CCTV를 확보하지 않은 경찰의 태도로 미뤄볼 때, 앞으로도 이를 확보해서 수사할 것이라는 확신도 없었다.

"변호사를 선임해서 CCTV에 대한 증거보전을 신청해놨고, 그걸 기다리고 있어요."

"어떤 CCTV에 대한 증거보전 신청을 했죠?"

"클럽 이사한테 맞았던 클럽 앞 CCTV랑 경찰에게 맞았던 차량 내부 블랙박스, 그리고 역삼지구대 안에 있는 CCTV요. 억울해서 뭐라

보도를 시작하다

도 안 하면 죽을 것 같았어요."

변호사까지 선임했다는 이야기를 들으니, 그가 정말 억울해하고 있다는 생각이 들었다. 게다가 그가 선임한 변호사가 속한 로펌은 수임료만 수천만 원을 받는 국내 주요 로펌 중 한 곳이었다. 그의 직업이 궁금해졌다. 실례인 줄 알지만 필요한 정보였다. 김상교는 일반적인 가정에서 자라 평범하게 일하는, 우리 주변에서 흔히 볼 수 있는 20대 청년이었다. 그가 그렇게 큰돈을 내고 변호사를 선임했다는 건 정말 억울하다는 방증으로 보였다.

나도 버닝썬 CCTV를 구하려고 노력해보겠다고 말하고, 다시 약속을 잡기로 했다. 이미 오후 5시가 넘었다. 수첩과 펜을 정리해서 일어나려는 순간, 김상교의 휴대전화가 울렸다. 변호사였다. 변호사는 법원이 증거보전 신청을 받아들였다는 결정문과 경찰에서 공개한 영상을 이메일로 보내왔다. 운명이었을까.

우리는 당장 노트북을 열고 그의 메일에 접속해 영상을 확인했다. 메일로 받은 영상은 두 개였다. 하나는 경찰에게 1차 폭행을 당했다고 주장한 곳인 순찰차의 블랙박스였고, 다른 하나는 경찰에게 2·3차 폭행을 당했다고 주장한 곳인 역삼지구대 내·외부 CCTV 영상이었다.

나는 물론 김상교도 영상을 처음 보는 순간이었다. 영상을 재생하기 전, 나는 재빨리 언제 경찰에게 맞았는지 기억하느냐고 물었다. 김상교가 영상을 보고 나서 말을 바꿀 수 있다고 생각했다. 만약 김상교가 영상을 보기 전 한 말과 영상 내용이 동일하다면 그의 주장에는 더욱 힘이 실릴 것이었다. 김상교는 순찰차가 출발하기 전부터 시작해 출발한 후 얼마 동안 자신과 함께 뒷자리에 앉았던 경찰관이 자신의 갈비뼈를 움켜쥐고, 욕설과 함께 어깨 부위를 주먹으로 때렸다고 했다. 이제 영상을 확인할 차례였다.

먼저 순찰차 블랙박스 영상을 재생했다. 블랙박스는 차량 뒷좌석을 찍고 있었다. 영상은 경찰이 차량 뒷문을 열고 김상교를 태우는 부분부터 시작됐다. 그런데 시작부터 이상했다. 화질이 너무 좋지 않아서 행위를 명확히 분간하기 어려웠고, 영상의 재생 속도도 비정상적으로 빨랐다. 차의 앞 유리 와이퍼가 거의 날아다닐 정도였다. 더 심각한 문제가 있었다. 영상이 통으로 편집되어 있었다. 바로 김상교가 맞았다고 주장하는 바로 그 시간대 영상이 없었다.

김상교가 경찰에게 폭행을 당했다고 주장한 장소는 한 곳 더 있었다. 역삼지구대 입구였다. 그런데 경찰이 공개한 역삼지구대 내 CCTV 영상도 미심쩍었다. 지구대 내부에는 4대의 CCTV가 있는데 지구대 입구가 아닌, 다른 곳을 비추고 있는 CCTV를 공개한 것이다. 그것도 단 1대만.

김세윤 서울중앙지방법원 판사는 김상교의 증거보전 신청에 대해, 경찰에 '신청인의 모습이 촬영된 모든 CCTV 영상 녹화물을 공개하라'고 결정했다. 그런데 경찰은 법원의 명령을 따르지 않은 것이다. 손댄 흔적이 역력한 블랙박스 영상과 지구대 내부 CCTV 4대 중 1대만 공개한 경찰. 그들이 감추고 싶었던 건 무엇이었을까?

하지만 이날 확인한 것은 경찰 측 영상뿐이었다. 아직 클럽 측은 영상을 제출하지 않았다. 클럽 측의 영상엔 사건의 발단이 된 폭행 장면뿐만 아니라, 경찰 대응의 문제점도 담겼을 것 같다는 예감이 들었다. 김상교의 변호사는 다음 주 월요일엔 클럽 측의 영상도 도착할 것 같다고 했다. 12월 31일 오후 1시에 김상교와 다시 만나기로 약속하고 헤어졌다. 박윤수 선배에게 오늘 만남을 보고했다. 동영상부터 김상교와의 대화 내용, 그리고 내가 받은 느낌까지 전부 다 전달했다. 그리고 월요일에 다시 만나 한번 더 그의 말을 믿을 수 있는지 확인해보겠다고 했다.

나는 중요한 기사를 쓸 때는 적어도 하루나 이틀 전 초고를 써둔다. 취재가 다 끝나지 않았다면 이미 된 부분만, 그리고 취재가 덜 된 부분은 예상되는 시나리오를 반영해서 기사를 먼저 써놓고, 그 부분은 괄호로 표시를 해둔다. 그리고 하루나 이틀 뒤 실제 리포트가 잡힌 날 기사를 고친다. 그러면 구성이 어색하거나 논리적으로 맞지 않은 부분이 눈에 잘 들어온다.

사람을 만나는 것도 비슷한 것 같다. 한번 만나서 느낀 좋은 감정을 다시 한번 객관화할 필요가 있다. 그래야 취재원이 한 말의 앞뒤가 맞는지 틀린지 따져볼 수 있고, 그 사람이 자기 이익에 따라서 말하는 것인지, 아니면 객관적으로 이야기하는 것인지를 판단할 수 있다.

나는 김상교를 앞으로 여러 번 더 만나볼 생각이었다.

얼굴을 공개하겠습니다

2018년의 마지막 날. 저녁엔 부서 송년회가 있었다. 일반 회사라면 6~7시쯤 퇴근 시간이 되면 다 함께 자리에서 일어나 정해진 장소로 이동하겠지만, 기자들은 각자 자신의 출입처에 있다 약속 장소에 모인다. 하지만 그날 뉴스 리포트 제작이 잡힌 기자들은 밤 8시 메인 뉴스를 '납품'한 이후에야 움직일 수 있어 뒤늦게 합류하는 경우가 많다. 그날 저녁, 모두 일찍 업무를 마무리하고 캡의 출입처인 서울지방경찰청 근처 선술집에서 만나기로 했다.

그해 송년회는 일찍 합류하고 싶은 마음이 굴뚝같았지만 나는 이날 오후에 김상교와 인터뷰가 예정되어 있었다. 중요한 인터뷰는 1시간을 훌쩍 넘기는 경우가 다반사다. 길면 2~3시간씩 진행되기도 한다. 김상교에게 전화로 먼저 물었다. 폭행 장면이 찍힌 CCTV를 확보했냐고. 김상교는 '그렇다'고 대답했다. 만남은 오후 1시. 인터뷰도 회사에서 진행하기로 했다. 지난주 금요일, 김상교와 나눴던 얘기를 다시 정리했

보도를 시작하다

다. 이어폰을 꽂고 녹취 파일을 들으며 그에게 확인해야 할 내용을 메모장에 옮겼다.

사회부 기자는 매일 다양한 사람을 만난다. 억지 주장을 하는 사람부터 자신의 잘못은 쏙 빼고 유리한 것만 주장하는 사람, 법 관련 지식이 없어서 피해를 입은 사람, 진실인지 거짓인지 도무지 알 수 없는 말을 하는 사람까지…. 그래서 제보자들의 이야기는 '아주' 잘 들어야 한다. 자신에게 유리하게 사실을 왜곡하거나 과장하는 취재원은 신뢰를 잃는다. 사실 이런 경우는 생각보다 많다. 그동안 이런 사람들을 너무 많이 만났다. 제발 이번만큼은 그러지 않길 바라며 녹취에 집중하던 순간, 박 선배에게 연락이 왔다.

'오후 5시, 경복궁역 ○○○.'

송년회 장소였다. 한 해의 마지막 날인 만큼 오늘 뉴스가 없는 사람들은 일찌감치 모이자는 거겠지. 하지만 시간을 못 맞출 것 같은 직감이 들었다. 김상교가 약속 시간보다 조금 늦게 회사에 도착해 곧장 인터뷰룸으로 데리고 갔다.

인터뷰를 할 때 먼저 하는 일은 영상에 나올 제보자의 자리를 잡는 것이다. 제보에는 용기가 필요하다. 제아무리 공익적인 제보라도, 누군가는 피해를 보게 된다. 당사자가 제보자에게 위해를 가할 수도 있다. 만약 제보자가 다니는 회사에 대한 내부 고발을 한다면, 당장 먹고사는 문제에 타격을 입을 수도 있다. 그래서 방송사들은 제보자의 얼굴을 모자이크로 흐릿하게 처리하고 음성변조를 하는데, 이것이 제보자 신원을 완벽하게 감춰주지는 못한다. 신체적 특징이나 옷 입는 스타일, 말투나 억양 등으로 주변 사람들은 어렵지 않게 제보자를 알아본다.

이럴 경우 나는 보통 제보자의 뒷모습을 카메라에 걸고 인터뷰를 한다. 카메라로 제보자의 등을 찍으면서, 마주 앉은 나를 비추는 것이다. 화면에는 제보자의 등과 내 얼굴이 나온다. 나는 이마저도 제보자의 등을 과도할 정도로 가려주는 편이다. 네이버와 다음과 같은 포털 사이트는 물론, 유튜브, 인스타그램 등에서 뉴스가 '짤'로 가공되어 이곳저곳 퍼지는 세상이다. 대충 처리했다간, 제보자의 단서를 찾아내려는 누군가에게 먹잇감이 되기 십상이다.

①앞모습 모자이크, ②뒷모습 모자이크, ③얼굴 공개. 김상교에게 이 세 가지 중 어느 것을 선택하겠냐고 물었다. 이미 커뮤니티 게시글에 얼굴과 이름, 직업까지 공개한 만큼, 그가 뉴스에서 얼굴을 가릴 이유는 별로 없어 보였다. 김상교는 주저 없이 ③을 선택했다. 얼굴을 공개하면 제보자에겐 부담이 되겠지만 기사 신뢰도는 올라간다. 본격적인 인터뷰 전, 그날의 영상부터 함께 보았다.

CCTV에 찍힌 클럽 폭행 사건

2018년 11월 24일 토요일 오전 6시 55분. 영상은 덩치 큰 점퍼 차림의 남성이 손님 한 명을 클럽 VIP 출입구로 끌고 나오는 장면으로 시작했다. 손님의 키가 작은 편은 아니었지만, 기골이 장대한 남성 앞에선 아주 왜소해 보였다. 점퍼 차림의 남성은 바로 클럽의 영업 담당 이사 송진원이었고, 손님은 김상교였다.

송진원은 김상교를 밖으로 데리고 나오자마자 뒷다리를 걸어 넘어뜨렸다. 그리고 넘어진 김상교의 머리채를 잡고 이마 부위를 주먹으로 한 차례 때렸다. 이어 호텔과 클럽을 잇는 차량 통행로로 김상교를 끌고 나왔다. 이른바 '헤드록'을 걸고, 다시 다리를 걸어 넘어뜨렸다.

이른 새벽부터 내린 눈 때문에 도로는 얼어 있었다. 언 바닥에 넘어지는 고통과 맨바닥에 닿은 얼굴에 느껴지는 추위가 상당했을 것이다. 송진원은 멈추지 않았다. 다시 김상교를 일으켜 복부에 어퍼컷을 꽂아 넣고, 고통에 몸이 축 늘어진 그를 다시 넘어뜨리려고 시도했다.

김상교는 이번엔 넘어지지 않으려는 듯 송진원의 다리를 잡고 버텼고, 송진원도 예상치 못한 저항에 미끄러지면서 중심을 잃고 고꾸라졌다.

송진원은 화가 많이 났는지 씩씩거리며 점퍼를 벗어던졌다. 클럽 직원들 두 명은 송진원과 김상교에게 각각 한 명씩 달라붙어 싸움을 말리려는 것처럼 보였다. 하지만 송진원에게 붙어있던 직원은 송진원이 흥분하자 감당하지 못하고 아예 손을 놓아버렸다. 반대로 김상교에게 붙은 직원은 맞고 있는 그를 붙잡아 오히려 때리기 쉽게 도와줬다.

흰색 반팔 티셔츠만 입은 송진원은 다시 심호흡을 하며 김상교에게 천천히 다가갔다. 영상을 보는 것만으로도 심장이 쪼그라들었다. 송진원의 주먹이 정확히 김상교의 복부에 들어갔다. 김상교가 휘청거렸다. 쓰러져도 이상하지 않을 만큼 아파 보였지만, 클럽 직원이 붙잡고 있었기 때문에 뒤로 밀리기만 할 뿐 넘어지진 않았다. 송진원은 이번엔 왼손으로 김상교의 머리를 쥐고 오른손으로 정밀한 타격을 가하기 시작했다. 양손을 번갈아 사용하면서 머리를 세 대 때렸고, 김상교가 움츠러들자 다시 오른손 주먹을 복부에 꽂아 넣었다.

그동안 많은 제보 영상을 보았지만, 이런 폭행 영상은 처음이었다. 이러다가 사람 죽겠다고 느꼈는지, 그동안 지켜만 보던 클럽 직원들이 그제야 한꺼번에 송진원에게 몰려가 말리기 시작했다. 불과 1분 남짓한 시간에 8번의 주먹이 쏟아졌고, 김상교의 갈비뼈 3대가 부러졌다.

오전 7시. 송진원은 VIP 출입구를 통해 클럽 안으로 들어가 CCTV에서 사라졌다.

오전 7시 1분. 휴대전화로 경찰에게 신고를 하는 김상교의 모습이 카메라에 잡혔다. 물론 CCTV만 봐서는 김상교가 경찰에 신고를 했는지, 아니면 지인에게 전화를 했는지 알 수 없었다. 그의 휴대전화 통화 내역을 보고 신고 사실을 확인했다.

오전 7시 13분. 신고 12분 만에 순찰차 한 대가 버닝썬 VIP 출입구에 도착했다. 1분 뒤, 또 한 대의 순찰차가 현장에 도착했다. 경찰이 온 것을 확인한 김상교는 VIP 출입구 앞에 비치된 쓰레기통을 쓰러뜨렸고, 이를 제지하는 직원의 뒤통수를 한 대 때렸다. 경찰은 이 모습을 바라만 보고 있었다.

오전 7시 15분. 순찰차 두 대에 2명씩, 모두 4명의 경찰이 있었지만 아무도 차에서 내리지 않았다. 그러다 클럽의 보안팀장과 그의 수하 3명이 뛰어오자, 약속이나 한 듯 그제야 경찰 4명이 동시에 차에서 내렸다.

오전 7시 18분. 경찰이 김상교를 바닥에 쓰러뜨려 제압하고 뒷수갑을 채웠다. 이때 클럽 직원들은 경찰의 제압을 도왔다.

오전 7시 20분. 경찰이 김상교를 강제로 순찰차에 태웠다.

오전 7시 29분. 경찰이 한참 동안 클럽 직원들과 이야기를 나누다 클럽 앞에서 철수했다.

여기까지가 CCTV 내용이었다. 김상교는 영상을 다 본 내게 서류 한 장을 내밀었다.

범죄사실의 요지 및 현행범인 체포의 이유

범죄사실의 요지

피혐의자 김상교(남, 27세)는 회사원으로 르메르디앙 호텔 '버닝썬' 클럽의 손님이고, 피해자 1)송XX은 같은 클럽 이사, 피해자 2)주 XX는 같은 클럽 보안 직원이다.

가. 업무방해

피혐의자 2018.11.24 06:40경 서울 강남구 역삼동 602, '버닝썬' 클럽 VIP룸 출입구에서 피해자 1)이 룸 안에서 난동을 부리는 피혐의자를 밖으로 내보내자 이에 항의하는 과정에서 피해자 1)에게 맞았다는 이유로 화가 나 입구 안에 비치된 쓰레기통을 발로 차고 집어 던졌으며, 가드봉을 집어 던지고 이를 만류하는 피해자들을 비롯한 클럽 보안 직원들에게 "씨발 새끼들아!", "개새끼야!"

등의 욕설을 하고 고함을 치는 등 위력으로 약 20여 분간 피해자 2)의 출입자 신분 확인 및 통제 등의 정당한 클럽 보안 업무를 방해하였다.

나. 폭행

계속하여 피혐의자는 상기 '가' 항과 같은 일시 및 장소에서 피해자 1)이 클럽 내에서 난동을 부리는 피혐의자를 밖으로 내보낸 후 피혐의자가 격렬히 반항하면서 몸을 붙잡는 등의 유형력을 행사하여 이를 만류하는 과정에서 발로 피혐의자의 다리를 걸어 넘어뜨렸다는 이유로 화가 나 피해자 1)의 다리를 손으로 잡아 바닥에 넘어뜨리는 폭행을 하였고, 또한 피혐의자의 행패를 만류하는 피해자 2)의 뒤통수 부위를 손으로 2회 가량 폭행하였다.

서류를 보고 내 눈을 의심했다. 김상교가 피혐의자, 쉽게 말해 가해자가 되어 있었기 때문이다. 오히려 송진원이 폭행 피해자로 적혀 있었다. '**나. 폭행**'에는 '**피혐의자가 격렬히 반항하면서 몸을 붙잡는 등의 유형력을 행사해 이를 만류하는 과정에서 발로 피혐의자의 다리를 걸어 넘어뜨렸다는 이유로 화가 나, 피해자1)의 다리를 손으로 잡아 바닥에 넘어뜨리는 폭행을 하였고(…)**'라고 적혀 있었다. 쉽게 말해, 김상교가 송진원의 다리를 손으로 잡아 바닥에 넘어뜨렸기 때문에 김상교는 폭행 가해자, 송진원은 피해자라는 뜻이었다.

경찰이 김상교를 체포한 이유를 믿기 어려웠다. 김상교는 송진원에게 다리가 걸려 넘어지고, 주먹으로 무차별 폭행을 당해 갈비뼈 3대가 부러졌다. 폭행당하는 과정에서 더 이상 넘어지지 않으려고 버텼던 것이고, 그 과정에서 가해자가 넘어졌을 뿐인데, 그것 때문에 폭행 피해자가 가해자로 지목된 것이다. 경찰이 체포이유서에 클럽 측 진술을 상당 부분 반영한 건 분명해 보였다.

특히 현행범 체포이유서 내용 중 **'가. 업무방해'**는 경찰이 이 사건을 어떻게 바라봤는지 알 수 있는 중요한 단서이자, 당시 경찰이 작성한 체포이유서가 얼마나 모순적인지 적나라하게 보여주는 부분이었다. **'피해자 1)에게 맞았다는 이유로 화가 나 쓰레기통을 발로 차고 집어 던졌으며(…)'** 경찰도 김상교가 송진원에게 폭행을 당했다는 사실을 인지했던 것으로 보인다. 심지어 신고 당시 김상교는 자신이 폭행 피해자이며 갈비뼈가 부러져 숨을 쉬기 힘들다는 내용도 전달했다. 그런데 왜 그를 가해자로 몰았을까?

'입구 안에 비치된 쓰레기통을 발로 차고 집어 던졌으며 (…) 이를 만류하는 피해자들을 비롯한 클럽 보안 직원들에게 욕설을 하고 고함을 치는 등 위력으로 약 20여 분간 클럽 보안 업무를 방해하였다.'는 게 그 이유다. 당시 상황을 다시 시간 순서대로 돌려보자.

오전 7시 13분. 신고 12분 만에 순찰차 한 대가 버닝썬 VIP 출입구에 도착했다. 1분 뒤, 또 한 대의 순찰차가 현장에 도착했다.

오전 7시 15분. 경찰은 클럽의 보안팀장과 그의 수하 3명이 뛰어오자, 약속이나 한 듯 그제야 동시에 차에서 내렸다.

신고 12분만인 오전 7시 13분, 경찰은 현장에 도착했지만 순찰차에서 내리지 않았다. 그리고 공교롭게도 2분 뒤 클럽 보안팀장이 나오자 그제야 차문을 열었다. 그 2분 동안 김상교는 쓰레기통을 발로 차고, 이를 만류하는 클럽 직원의 뒤통수를 때렸다. 경찰은 바로 앞에서 현장을 지켜보고 있었다.

경찰은 또 '**위력으로 약 20여 분간 클럽 보안 업무를 방해하였다.**'라고 적시했는데, 이 부분이 도통 이해되지 않았다. 체포이유서에 적힌 대로, 김상교가 쓰레기통을 발로 차는 난동을 피운 건 경찰이 현장에 도착한 오전 7시 13분 이후부터 15분 사이, 2분 동안이기 때문이다. 과연 경찰은 왜 이런 체포이유서를 작성했을까.

만약 김상교가 법원을 통해 당시 CCTV 영상을 받지 못했더라면 체포이유서를 군말 없이 받아들일 수밖에 없었을 것이다. 김상교는 인터뷰에서 이렇게 털어났다.

"경찰차 두 대가 왔는데 한 대는 제 앞에 섰어요. 제가 경찰차 앞으로 가서 제가 신고했다고 핸드폰을 꺼내서 보여줬어요. '내가 신고자다' 하고. 저는 경찰차만 기다렸거든요, 그런데 안 내려요, 경찰이. 그래서 버닝썬 출입구 문을 열어서 도망간 놈들 다 나오라고 소리를 질렀어요. 걔네가 저를 내쫓으려고 문을 계속 닫으려고 해서, 못 닫게 하려고 제가 쓰레기통을 끌고 나와서 엎었어요. 그냥, 문 못 닫게 하고 다 나오게 하려는 의도였어요. 경찰이 왔는데 저를 때릴 리는 없잖아요 그 사람들이…."

최근 나는 'LH 임대주택'에 대해 취재하고 있다. 임대주택에는 소득이 적은 사람, 노인이나 장애를 앓고 있는 사람들이 거주하는 경우가 많다. 임대료를 내고 얼마 동안 사는 임차인들이다보니, '내 집'이라는 애착이 생기기 어렵고, 아파트 관리에 대한 관심도 일반 분양아파트보다 떨어지게 마련이다.

LH가 임대주택을 준공하면 아파트를 관리하는 회사를 선정한다. 특이한 건, 한번 회사를 선정하면 바꾸지 않는다는 것이다. LH는 매년 아파트 상태를 평가했고, 하위 5%에 선정된 업체들은 교체했다고 주장했다. 그런데 취재를 해봤더니, 지난 17년 동안 전국 844개 단지 중 평가를 거쳐 관리사가 바뀐 곳은 단 한 곳도 없었다. 게다가 임대아파트는 분양아파트와 달리 회계감사를 받지 않아도 된다. 전국에 30년 동안 거주할 수 있는 민간 임대아파트는 52만 호, 50년 동안 거주할 수 있는 영구 임대아파트가 2만 6,000호가 있다. 한번 아파트 관리업체로 선정되면, 외부 회계 감사 없이 50년간 마음껏 운영할 수 있다는 얘기다. 관리업체가 주민들 눈치 보지 않고 관리비를 사용할 수 있던 이유다. 인터뷰를 했던 임대아파트 거주자 한 분이 이런 말을 해줬다.

"관리비를 부당하게 사용하는 실태를 관리사무소에 따졌더니, 당신이 무얼 아냐면서 무시했어요. 관리업체에 대한 감독 권한을 가진 LH 주거복지센터에 가서 문제를 제기했더니 얘기조차 건성으로 들었고요. 못 산다고, 나이 많다고 억울한 거 다 참을 수 있는 게 아닙니다. 도대체 우리 얘기는 누가 들어주나요."

아무리 부당함을 외쳐도, 누구도 내 말에 귀 기울여주지 않는 상황.
김상교의 마음도 같았을 것이다. 이건 단순한 개인의 일이 아니다.
사회 구성원 누구에게나 닥칠 수 있는 일이다. 그리고 저런 '답답함'과
'절절함'은 우리들에겐 취재의 원동력이 된다.

마침내 시작된 취재

인터뷰를 마치고 나니 김상교를 어느 정도 신뢰할 수 있다는 판단이 섰다. 다만 앞으로 무엇을 더 취재할지, 어떻게 기사를 풀어갈지 아직 정리 안 된 생각의 파편들이 머릿속을 둥둥 떠다녔다. 김상교를 떠나보냈을 때쯤, 박 선배에게 카톡이 왔다.

'문현아.'

'어디쯤이냐?'

'너만 남았다.'

저 짧은 문장을 세 번 끊어 보냈다. 선배들이 빨리 오라고 재촉하는 게 느껴졌다.

'아직 회사예요, 선배. 영상이 있는데 어마어마하네요.'

'영상 가져와.'

취재 아이템을 소개하는 발제를 할 때는 처음에 어떤 느낌을 주느냐가 중요하다. 아무리 좋은 아이템이라도 첫 보고의 준비가 엉성하거나, 자신감이 없어 보이면 보고를 받는 캡이나 부장에게 '보도 가치가 떨어진다'는 느낌을 줄 수 있다. 그렇게 되면 당초 예상했던 취재 시간이나 방송 분량을 따내기 어렵다.

박 선배가 영상을 가져오라고 했으니, 오늘이 이 아이템을 제대로 보고하는 첫날이 될 것이다. 구두보고이고, 아직은 영상과 제보자 주장만 있는 상태였지만 이 기사는 꼭 써야 한다고 선배들을 완벽하게 설득하고 싶었다. 그러려면 내가 본 것과 생각한 것을 머릿속에 차곡차곡 정리할 시간이 필요했다. 선배들은 이미 취해서 내가 언제 도착했는지 잘 기억하지 못할 수도 있다. 어차피 늦은 거 좀 더 늦는다고 큰일 나지는 않겠지. 인터뷰 내용과 취재해야 하는 이유, 취재 방향 등을 조금 더 정리하기로 했다.

헐떡거리며 경복궁역 4번 출구 인근 약속 장소에 도착했는데, 이미 1차 술자리는 막바지로 치닫고 있었다. 들어가자마자 영상을 보여주려고 노트북을 폈다. 얼른 한 잔 마시고 영상을 틀었다. 선배들은 숨을 죽이고 영상에 집중했다. 그리고 여러 차례 영상을 돌려봤다. 나는 김상교를 두 번 만나 인터뷰한 내용과 현행범 체포이유서의 문제점을 보고했다. 물론 내 머릿속에 정리한 내용을 완벽히 보고하지는 못했던 것 같다. 하지만 선배들은 내 말을 찰떡같이 알아들었다. 캡은 클럽 관계자의 폭행 사건도 중요하지만, 경찰 대응의 문제점에 대해서 더 구체적으로 취재할 것을 지시했다. 시간은 충분히 주겠다고 약속했다. 캡의 반응을 보니, 1차 보고는 성공적으로 마친 것 같다. 2019년 첫 임무가 그렇게 정해졌다.

경찰은 항상 저희 편이에요

2016년 겨울. 종각역 근처에서 친구와 술 한잔을 하고 집으로 돌아가려고 택시를 기다리고 있었다. 이 시각 택시 기사들은 장거리 손님들을 태우거나, 자신의 퇴근길과 같은 방향의 손님을 잡으려고 '예약'을 띄워놓고선, 손님을 고르기 일쑤다.

한 20분쯤 기다렸나? 드디어 내 앞에 정차한 택시에서 얼큰하게 취한 아저씨가 내렸다. 나는 뒷문을 잡고 아저씨가 내리면 탈 준비를 하고 있었다. 그런데 갑자기 나타난 한 무리의 직장인들이 가장 연장자로 보이는 남성을 택시에 태웠다. 이들 3명은 아무렇지 않게 "부장님, 잘 들어가십시오!"라는 말과 함께 문을 닫아버렸다. 어이가 없었다.

내가 당황한 틈을 타 그들은 아무렇지 않게 뒤돌아서 가던 길을 갔다. 내가 '이게 무슨 행동이냐'고 하면서 그들을 불러 세웠는데, 30대 후반 정도로 보이는, 그들 중 가장 막내로 보이는 남성이 내게 "어른이 그럴 수도 있지!"라고 말하며 내 얼굴을 때렸다. 그 충격으로 내 안

경이 바닥에 떨어져 반 토막이 났다.

순식간에 벌어진 일이었다. 나는 곧장 경찰에 신고했고, 자리를 벗어나려는 그들을 붙들었다. 경찰이 도착하자, 그 일행은 내가 먼저 남성을 때려 정당방위로 폭력을 저지르게 됐다고 거짓말을 했다.

3명이 입을 맞추니 그들의 말이 맞는 것처럼 보였다. 내가 그들의 말에 흥분한다면 정말 내가 잘못한 것처럼 보일 것 같았다. 최대한 차분하려고 노력했다. 경찰서에서 조사를 받고, 바로 현장으로 가 그 자리를 비추던 CCTV를 찾아 경찰에 제출했다. 내가 먼저 때려서 반격한 것이라고 거짓말했던 남성은 검찰로 송치됐고, 얼마 후 '제발 합의해 달라'고 내게 요청해 왔다.

까딱하면 눈 뜨고도 코 베이는 세상이다. 거짓말하는 놈들과 싸우려면, 마음을 가라앉히고 침착하게 대응해야 한다.

2019년 1월 2일. 새해 첫 근무일, 버닝썬 보안요원 한 명을 만나기로 했다. 2018년 11월 24일 버닝썬에서 경찰이 김상교 씨를 제압하는 장면을 본 목격자이기도 하다. 지하철 2호선 삼성역 근처 회의실로 약속 장소를 잡았다.

보안요원이라고 해서 우락부락한 남성이 나올 줄 알았는데, 만나보니 우리 주변에서 흔히 볼 수 있는 평범한 20대 남성이었다. 그도 김상교를 처음 만났을 때와 마찬가지로 상당히 불안해 보였다. 그래서였을까. 자신보다 먼저 버닝썬 보안요원 일을 그만둔 다른 남성을 데리고 약속 장소에 나왔다. 이런저런 얘기를 나누면서 긴장을 풀고 인터뷰를 시작하려는데, 손에 걸린 액세서리들이 신경 쓰였다. 인터뷰를 하다 보면 제보자의 손을 촬영하기도 하는데, 튀는 액세서리를 하고 있으면 주변 사람들이 알아볼 수 있다. 그래서 액세서리까지 모두 내려놓게 했다.

그의 이름은 최민(가명). 버닝썬에서 약 9개월 정도 일하고 지금은 그만뒀다. 인터뷰에 앞서, 최민은 내게 송진원이 김상교를 폭행한 것을 직접 보지는 못했다고 했다. 그래서 자기가 하는 말이 얼마나 취재에 도움이 될지 의문이라면서 걱정했다. 언제부터 직접 목격했냐고 물었더니, 경찰이 도착했을 때부터라고 했다. 그럼 괜찮다고 했다. 내가 정말로 확인하고 싶었던 것들을 모두 목격했으니까.

최민은 송진원의 폭행 때문에 경찰이 출동했다는 소식을 듣고, VIP 출입구로 갔다고 말했다. 최민이 도착했을 때 경찰과 버닝썬 직원들, 그리고 김상교가 큰 목소리로 대화를 나누고 있었는데, 얼마 안 돼 경찰이 김상교를 바닥에 넘어뜨려 제압했다. 수갑을 채우려는데 김상교가 발버둥을 치자, 보안요원들이 김상교를 짓눌러 경찰이 수갑을 채우는 걸 도왔다고 했다.

"경찰이 제압할 때 가드들이 도와요. 매뉴얼까지는 아니고…. 그러니까 경찰이 수갑을 채워야 하는 경우가 생기잖아요. 그러면 가드들이 합세해요. 우리가 젊고 힘도 더 좋다 보니까 보안팀이 제압을 도와주고, 경찰이 뒤에서 수갑을 채워요."

그런데 그날따라 경찰의 대응이 폭력적이었다고 했다.

"엎드려 있는 사람에게 이미 수갑을 채웠으면 이제 놔둬도 되는데,

무릎으로 얼굴을 뭉개고 있고, '입 닥쳐!' 욕하고. 그러다 한 경찰이 '실어!'라고 하니 다른 경찰들이 김상교를 차에 구겨 넣었어요. 차에 태울 때도 경찰 2명이 앞에서 김상교를 밀고, 한 명은 돌아가서 김상교를 확 잡아당겼거든요."

그러면서 그는 흥미로운 이야기를 했다.

"경찰은 항상 저희 편이에요. 보통 상황이 터지면, 경찰이 와서 어떻게 된 거냐고 물어보고 보안팀장이 와서 어떤 상황이라고 설명을 해 줘요. 경찰은 저희 말을 신뢰하는 편이에요. 거기다 지금 저 사람은 다른 사람이 해명을 해줄 수 있는 상황이 아니잖아요. 저 사람은 혼자고, 나머지 10~20명이 다 저 사람이 잘못한 거라고 얘기하면 경찰 입장에서도 20명 말을 신뢰하지 않을까 싶어요."

최민의 말처럼, 여러 명이 술 취한 한 명을 거짓말쟁이로 만들 수 있다고 치자. 하지만 그것은 수사기관이 개입하기 전의 일이어야 한다. 개인에 대한 집단의 무자비한 탄압과 폭력을 막으려고 공권력이 존재하는 것 아닌가. 경찰은 저들의 말을 참고해야 할 뿐 그대로 믿으면 안 된다. 직접 객관적인 근거를 확보하고, 그 근거를 바탕으로 판단해야 한다. 김상교는 그날 체포당하기 전 자신의 말을 믿어달라고 외치지 않았다. 그저 'CCTV를 봐 달라'고 경찰에 호소했을 뿐이다. 만약 경찰이 그 자리에서 실랑이를 벌일 시간에 송진원과 김상교가 찍힌 CCTV를 확인했다면, '버닝썬 게이트'는 시작되지 않았을지도 모른다.

최민의 이야기를 들으면서 나는 2016년 겨울 종각역에서 겪었던 사건을 떠올렸다. 세 사람이 하늘을 가리키면 다른 사람들도 그곳을 쳐

다본다. 부정한 일을 저지른 집단이 진실을 말하는 사람을 바보로 만드는 건 흔히 볼 수 있는 일이다. 진실을 말하는 사람은 주취자, 사회부적응자로 매도된다. 그때 CCTV를 찾지 못했으면 아마 나도 쌍방폭행으로 엮여 벌금형을 받았을지도 모른다.

오해가 있을까 봐 덧붙이자면, 내가 사회부 기자 생활을 하면서 만난 상당수의 경찰관은 객관적인 증거를 기반으로 수사해 성과를 내고, 그 자부심으로 거친 현장에서 몇십 년을 버티는 분들이었다. 그분들은 내가 이 사건을 처음 보도했을 때부터 꾸준히 '잘하고 있다', '응원한다'라는 메시지를 보내주었고, 그건 내게 큰 힘이 되었다. 그래서 보도를 하는 내내 일선 현장에서 성실하게 수사하시는 분들까지 지탄의 대상으로 묶이는 것이 안타까웠다.

그 사람, 성추행도 모자라 경찰을 때렸어요

방송사 메인 뉴스에 나가는 리포트 하나에 배정되는 시간은 보통 2분쯤이다. 중요한 리포트나 현장 영상이 생생한 경우에는 3분을 넘기기도 하지만 대부분 2분 안팎이다. 그 짧은 시간 안에 기자는 며칠 동안 취재한 내용을 정리해 정돈된 문장으로 기사를 완성해야 한다. 그렇기에 중요한 내용을 더 살리고, 곁가지는 과감하게 쳐내야 한다. 취사선택을 못 하면 같은 말을 되풀이하는 기사가 되기 십상이다.

기자가 뛰어놀 수 있는 뉴스 공간이 크지 않다 보니, 리포트에서 비판해야 할 대상이나 집단은 보통 하나로 설정한다. 문제 삼으려는 대상이 많거나 기사 가치가 높을 땐 여러 개의 리포트로 쪼개는 것이 좋다. 한 명의 기자가 한 편의 리포트를 길게 보도하면 시청자의 집중도가 떨어지고, 채널이 돌아갈 가능성도 높아지기 때문이다. 발제한 기사를 여러 개로 쪼개려면 부장과 편집부의 판단을 받아야 하는데, 그러려면 각각의 리포트에 들어갈 내용이 명확하게 구분되어야 하고,

기자의 논리가 탄탄해야 한다.

누구를 먼저 만나 취재해야 할까. 이 사건에서 가장 비판받아야 할 대상이 누구인지 고민해봤는데, 딱 한 명으로 정하기 어려웠다. 김상교를 때린 버닝썬의 송진원인가? 폭행을 보고서도 말리지 않은 클럽 직원들인가? 가해자와 피해자를 뒤바꾼 경찰인가? 클럽의 쓰레기통을 발로 찬 김상교인가?

취재를 시작할 땐 기사가 이렇게 커질지 몰랐다. 길어야 3분짜리 리포트가 될 것으로 예상했다. 그런데 취재를 할수록 3분으로는 도저히 부족하겠다는 생각이 들었다. 비판의 대상과 내용을 분리해 3분씩, 3개의 리포트로 구성해도 될 것 같았다. 일단 송진원부터 만나야겠다고 마음먹었다. 송진원은 버닝썬의 창업 멤버로, 업계에서도 꽤 능력을 인정받는 영업 이사였다. 그의 전화번호는 쉽게 알아낼 수 있었다.

송진원과의 첫 통화는 2019년 1월 9일이었다. 보통 사람들에게 전화해 기자라고 소개를 하면, 대부분은 "네?", "무슨 일이시죠?"라고 되물으며 당황한다. 그런데 송진원은 별로 놀라는 눈치가 아니었다.

'그동안 김상교가 쓴 글을 본 기자들이 수도 없이 연락했겠지. 그리고 버닝썬에서 붙여준 변호사들과 대응책을 마련했을 테고.'

평소 같으면 상대방에게 전화한 사정을 구구절절 설명하고 본론으로 들어갔겠지만, 그럴 필요가 별로 없어 보였다. 피차 시간 낭비다. 그냥 단도직입적으로 물었다.

"김상교 씨를 왜 그렇게 많이 때리셨나요?"

송진원은 자신의 잘못을 곧바로 인정했다. 김상교를 때린 사실을 인정하고 이로 인한 형사적 책임을 달게 받겠다고 했다. 여기까지만 들으면 '쿨하다'고 생각할 수도 있다. 하지만 그의 다음 이야기를 듣자마자 맥이 탁 풀려버렸다.

"김상교가 클럽 안에서 먼저 여자들을 성추행했어요. 내가 그걸 말렸는데, 말을 듣지 않아서 때렸습니다. 기자님, 김상교가 성추행한 영상 갖고 있어요. 그거 한번 보러 오세요."

"성추행 영상이 있다고요?"

그리고 이어진 송진원의 말은 큰 충격이었다.

"아, 그리고 그거 알아요? 걔 경찰도 때렸는데, 그래서 경찰이 저 말고 김상교만 수갑 채워서 데려간 거예요. 그 영상도 있어요."

'걔 경찰도 때렸는데…' 송진원의 목소리가 계속 머릿속에 울렸다. 적잖이, 아니 매우 당황스러웠다. 김상교는 성추행을 하지 않았다고 주장했다. 추가 취재가 필요해졌다. 그런데 그가 만약 성추행을 했다고 하더라도, 그 행위에 대한 처벌은 클럽 보안요원이 아니라 경찰과 사법당국이 하는 것이 옳다. '눈에는 눈, 이에는 이'가 우리나라 법 정신은 아니지 않은가. 김상교의 성추행 의혹이 송진원과 클럽 보안요원들의 집단 폭행을 결코 정당화시켜줄 수는 없었다.

하지만 만약 김상교가 경찰을 폭행했다면 문제는 180도 달라진다. 기사 자체를 쓸 수가 없게 된다. 우리는 ①경찰이 폭행 가해자를 두고 피해자만 현행범으로 체포했다는 점, ②현행범 체포와 이송 과정에서 경찰의 독직폭행 의혹, ③지구대에서 갈비뼈 통증을 호소하는 피해자를 1시간 30분 동안 뒷수갑 상태로 방치한 인권 유린 문제를 지적할 계획이었다. 하지만 만약 송진원의 주장이 사실이라면, 경찰이 김상교를 현행범 체포하는 게 문제될 게 없었다. 당장 나부터도 공권력을 집행하는 경찰을 폭행한다는 건 묵과할 수 없는 일이라고 생각했기 때문이다. ①이 흔들리면 ②, ③은 흐지부지될 게 불 보듯 뻔했다. 내가 당황하는 걸 송진원도 느꼈는지, 그가 훅 들어왔다.

"만약 기자님이 영상을 보시고, 제 말이 사실이면 기사 안 쓰시는 거죠?"

그런데 갑자기 한 가지가 떠올랐다. 김상교의 현행범 체포이유서에 '경찰에 대한 폭행'이 없지 않았는가! 만약 경찰이 정말로 김상교에게 폭행당했다면, 분명히 공무집행 방해 등의 혐의를 포함시켰을텐데 말이다. 희망을 걸어보기로 했다. 내 눈으로 직접 확인하는 게 먼저다.

"안 쓰는 게 아니라, 못 쓰죠. 내일 그 영상을 볼 수 있을까요?"

"영상은 버닝썬 사무실에 있어요, 호텔로 오시면 됩니다."

다음 날은 선거법 위반 혐의로 재판에 넘겨진 한 정치인의 첫 공판이 열리는 날이었다. 오전부터 중계 리포트를 하라고 지시를 받은 상태라 공판이 끝나는 시간을 고려해 저녁 6시쯤 만나기로 약속을 잡았다.

이 사건에 매달린 지 벌써 2주째였다. 보통 사회부 기자는 일주일 동안 리포트를 3개 정도, 많으면 4~5개씩 하기도 한다. 당시 나는 1월 2일부터 9일까지 리포트를 한 개도 하지 않았다. 그건 내 일을 동료들이 대신해줬다는 의미다. 캡은 약속대로 내게 충분한 취재 시간을 줬다.

보도를 시작하다

네 눈을 믿어보자

2019년 1월 10일 금요일. 한 정치인의 첫 공판을 취재하기 위해 아침 일찍 수원지방법원 성남지원으로 출근했다. 공판 시작은 오후 2시. 나는 정오와 오후 2시 뉴스 시간에 재판 관련 내용을 생중계하는 임무를 맡았다. 밤 8시 메인 뉴스에서 공판의 전체 흐름을 박윤수 선배가 짚어줄 것이었기 때문에, 나는 당시 현장의 분위기와 예상되는 공판의 주요 쟁점 등을 중계를 통해 전달했다. 첫 공판은 보통 일찍 끝난다. 2시 뉴스 중계가 끝나면 버닝썬 근처로 이동해 취재에 필요한 생각을 정리할 계획이었다.

그런데 이게 웬걸! 공판이 길어졌다. 결국 재판은 오후 4시를 넘겨 끝이 났고, 오후 5시 뉴스까지 중계를 해야 하는 상황이 됐다. 뉴스를 마치자마자 택시를 잡아탔다. 생각 정리보다는 잠시 눈을 붙이기로 했다. 그래야 맑은 정신으로 CCTV를 확인할 수 있을 테니까.

딱 시간에 맞춰 버닝썬에 도착했다. 송진원에게 전화를 걸었더니

'오늘 일이 생겨서 만나진 못한다'고 했다. 대신 직원에게 말해뒀으니 영상을 보여줄 것이라고 했다. 그러면서 '몰래카메라로 영상을 촬영하면 절대로 안 된다'고 으름장을 놓았다. 아마도 누군가의 조언을 들은 듯했다. 그가 나오지 않은 것도 괜히 대화하다가 불리한 진술을 할 수 있으니 피하는 것 같았다.

막상 그들의 사무실에 나 혼자서 들어간다고 생각하니 걱정이 됐다. 부끄러운 얘기지만 그래서 박윤수 선배에게 카톡을 남겨 '1시간 안에 보고를 하지 않으면 경찰에 신고해달라'고 부탁했다. 지금 생각하면 웃기고 창피한 일인데, 그땐 박 선배도 진지했다. 7시까지 보고가 없으니 내게 '살아 있냐'고 물어본 걸 보면 말이다.

호흡을 가다듬고 송진원이 문자로 남긴 번호로 전화를 걸었더니, 상대가 호텔 로비에서 기다리라고 했다. 잠시 후, 힙합 패션의 청년이 로비로 걸어왔다.

"MBC? 오늘 CCTV 보러오셨죠? 따라오세요."

버닝썬 사무실이 호텔 내부에 있을 것으로 생각했던 나는 당황스러웠다. 가슴이 두근거리기 시작했다.

'뭐지? 날 어디로 데려가는 거지?'

막연한 두려움이 엄습했다.

'박 선배에게 1시간을 말했는데, 30분만 연락 없어도 신고해달라고 할걸…'

후회가 몰려왔다. 직원을 따라갈수록 두려움은 더 커졌다. 그는 나를 호텔 뒤편의 주차장으로 안내했다. 혹시나 누가 나를 뒤에서 덮치

보도를 시작하다

진 않을까, 누가 따라오고 있는 건 아닐까, 온몸의 촉각을 곤두세웠다. 겨울이라서 해는 이미 떨어졌고, 주차장은 어두컴컴했다.

직원은 나를 주차장에 있는 2층 건물로 데리고 갔다. 현관문을 열고 반 층 정도 올라가니 사무실 문이 있었다. 문을 열자 여러 명의 직원이 앉아 있었다. 일단 안심이 됐다. 10평 남짓 될까? 그는 이곳이 버닝썬 사무실이라고 했다.

직원은 파티션으로 구분되지 않은 통으로 된 사무 공간 한쪽에 위치한 소파를 가리켰다. 아마 앉으라는 표시인 것 같아서 안내하는 대로 따랐다. 하필 푹 꺼지는 소파였다. 이곳에 앉아 있다가 누가 공격이라도 하면 제대로 일어날 수나 있을까. 별별 걱정을 하고 있을 무렵, 날 안내했던 직원이 노트북을 가지고 나와 테이블에 내려놓았다.

"영상 보시는 건 괜찮은데, 녹화나 몰카 돌리는 건 안 됩니다."

몰카는 물론 준비했다. 그리고 어떻게 하면 휴대전화로 영상을 찍을 수 있을까 고민하고 있었다. 하지만 그가 내 옆에 딱 달라붙어서 내 행동 하나하나를 뚫어지게 쳐다보고 있었다. 사각지대가 없었다. 몰카는 포기해야 할 상황이었다. 또 다른 직원 한 명도 계속 나를 바라보면서 감시하는 게 느껴졌다. 도저히 틈이 보이지 않았다. 정신을 똑바로 차려야 했다. 지금 보는 영상이 그들에게 가장 큰 무기이고, 그 무기로 날 위협하고 있다. 반드시 허점을 찾아내야만 한다고 되뇌었다.

그가 영상을 틀었다. 영상은 송진원이 김상교를 밖으로 끌고 나와 넘어뜨리는 장면부터 시작했다. 이미 김상교가 법원을 통해 확보한 영상과 같은 시간대이지만, 다른 각도에서 촬영된 CCTV 영상이었다. 김상교가 받은 영상은 폭행 장면을 멀리서 잡은 것이기 때문에 적나라하지 않았다. 반면 이 영상은 VIP 출입구 바로 위에 설치된 CCTV에 찍힌 것이다 보니 인물들의 행동이 훨씬 자세히 보였고, 현장에 있던 사람들의 얼굴도 명확하게 인식할 수 있었다. 곧 출동한 경찰관들이 김상교와 대화하는 문제의 장면이 나타났다.

"이 장면입니다. 여기서 김상교가 먼저 경찰 목덜미를 잡죠. 그리고 넘어뜨립니다."

내 눈을 의심했다. 정말 그의 말대로였다. 내가 당황하는 걸 느꼈는지 직원의 표정에는 자신감이 묻어났다. 그리고 그는 내게 같은 장면을 여러 차례 반복해서 보여줬다. 직원의 말처럼 김상교는 경찰과 대화하던 중 갑자기 경찰의 목덜미를 양팔로 휘감았고, 자신 쪽으로 끌어당기며 함께 뒤로 넘어졌다. 이후 다른 경찰이 달려들어 김상교를 제압하는 모습이 그들 바로 위에 설치된 CCTV에 그대로 잡혔다. 뒷수갑을 채워도 이상하지 않은 상황처럼 보였다. 설사 그 과정에서 경찰의 과잉진압이 있었다고 해도, 여론은 '술 취한 20대 청년이 성추행을 하다 클럽 직원에게 무차별 폭행을 당했고, 출동한 경찰관에게 폭행까지 휘둘렀다'고 인식할 것이다. 지난 2주일 동안 피해자가 아니라 피의자를 인터뷰했다는 생각이 들자, 눈앞이 캄캄해졌다. 오늘 내 보고를 기다리고 있을 캡과 박 선배의 얼굴이 머리를 스쳐갔다.

그런데 '망했다'고 생각하니까 지금껏 느꼈던 두려움이 모두 사라졌다. 나를 억누르던 부담감이 눈 녹듯 사라지는 신비한 경험이었다.

'캡, 망한 거 같아요. 죄송합니다.'

이런 보고만큼 두려운 건 없었다. 버닝썬 직원들에게 개기다 몇 대 맞아서 어디 하나 부러지고 터지는 건 전혀 두렵지 않았다.

'될 대로 되라지. 뭐든 찾아내자.'

직원이 쥐고 있던 노트북 마우스를 빼앗고, 김상교의 폭행 위치를 가리키던 그의 검지를 치워달라고 했다. 그리고 재생 배속을 조절하는 탭을 찾아냈다. 영상을 0.5배속으로 돌려봤다. 여전히 김상교가 나쁜 놈처럼 보였다. 그런데 가장 느리게, 0.2배속으로 돌렸더니 상황이 조금 다르게 보였다.

"여러 번 봐도 똑같아요, 기자님."

직원의 말투가 매우 거슬렸다. 더 빈정대라지. 나는 영상에 집중했다. 직원은 자신만만하게 휴대전화 자판을 두드리고 있었다. 아마 송진원에게 이런 메시지를 보냈겠지.

'형님, 기레기는 더 신경 안 쓰셔도 될 거 같습니다. 영상을 보더니 조용히 찌그러졌어요.'

직원은 더 이상 나를 신경 쓰지 않았다. 자신은 다른 일을 해야 한다며, 내가 영상을 몰래 찍는지 감시할 다른 직원만 남겨놓고 자리를 떠났다. 그가 안심하는 동안, 나에겐 희망이 생기고 있었다. 하품을 쩍쩍하는 직원을 앞에 두고 마음속으로 '한 번 더, 한 번 더'를 되뇌면서, 영상을 0.2배속으로 딱 8번 돌려봤다. 그리고 혹시나 내가 보고 싶은 것만 보는 건 아닐까 하는 마음에 2번을 더 봤다. 마지막으로 정상 속도로 한 번 더 영상을 재생해 본 뒤 자리에서 일어났다. 나를 감시하던 직원은 내가 일어나는 걸 보고 한마디 했다.

"기사 안 나가는 거죠?"

'영상 잘 봤다'고 인사하고 사무실 문을 나섰다. 주차장의 칠흑 같은 어둠 속을 헤쳐 큰길로 뛰다시피 나왔다. 그리고 곧장 캡에게 '보도할 수 있다'고 보고했다. 상황은 이랬다. 0.2배속으로 돌려봐도 김상교가 경찰관의 목덜미를 잡고 넘어지는 건 다르지 않았다. 그런데 김상교가 넘어진 원인이 따로 있었다. 김상교의 등 뒤에서 다른 경찰이 다리를 걸었고, 팔로 그를 잡아당겼다. 정상 속도로는 보이지 않았던 경찰의 '나쁜 손'은 느린 속도로 재생하자 명확하게 눈에 들어왔다. 경찰이 먼저 김상교를 넘어뜨리고, 뒤로 넘어지던 김상교가 반사적으로 앞에 있던 경찰관을 붙잡은 것이었다. 영상에는 쓰러진 김상교의 머리를 '인사이드 킥'으로 툭 건드리는 경찰의 모습도 찍혔다.

상황이 뒤집혔다. 다 망했다는 절망감이 두려움을 무너뜨렸고, 마우스를 빼앗아 쥐게 할 담대함을 줬으며, 영상을 0.2배속으로 돌려보게 할 판단력까지 만들어줬다. 사람의 능력치가 이렇게 급작스럽게 올라가는 경험은 태어나 처음 해봤다.

하지만 여전히 문제는 있었다. 내게 영상의 원본이 없다는 점이었다. 뉴스를 보도할지 말지는 내가 결정할 문제가 아니다. 캡이나 부장에게도 상황을 판단할 수 있는 근거, 그러니까 영상이 필요했다. 지금 그 근거는 오직 내 눈밖에 없다. 결국 이 문제를 해결하려면 내가 부서에서 얼마나 신뢰받고 있느냐가 중요했다. 캡에게 전화를 해서 발생한 일들을 보고했다. 침착하게 들으시더니 한마디 물으셨다.

보도를 시작하다

"너의 눈을 믿을 수 있겠냐? 만약 잘못 본 거면, 우리 큰일 난다."

0.2배속으로 10번, 정상 배속으로 1번 더 봤다고 말씀드렸다. 확인하고 또 확인했고, 문제될 만한 건 없다고 보고했다.

"그래 네 눈을 믿어보자, 후달리긴 한다, 야."

김상교가 경찰관에게 폭행당했다고 주장하고, 법원에 CCTV 증거보전 신청까지 한 만큼, 경찰도 분명 저 영상을 갖고 있을 것이었다. 만약 내가 영상을 잘못 봤다면, 완전히 '되치기' 당할 수 있었다. 그래도 내 눈과 기억을 믿기로 했다.

클럽에서 사람 때린 게 뉴스가 돼요?

영상을 다 본 뒤, 집으로 가려다 곧장 회사로 갔다. 잊어버리기 전에 보고 들은 것들을 최대한 자세히 정리하기 위해서였다. 사회부 기사를 쓰다 보면, 여러 종류의 협박과 마주하게 된다. 밤길 조심하라는 것부터, 위해를 가하겠다는 건 물론, 스스로 목숨을 끊겠다는 사람도 봤다. 우리도 사람인지라 그런 일을 당하는 건 두렵다. 특히 버닝썬 리포트처럼 고발성 기사를 취재할 때는 더욱. 그래서 이런 종류의 취재를 할 땐 가급적 회사에 있으려고 한다. 서울 상암동 MBC 1층엔 밤새 여러 명의 보안요원이 출입을 통제한다. 사옥 내로 들어올 때도 반드시 출입증이 있어야 한다. 건물 자체 규모도 커 기자나 PD가 어디에 있는지 찾는 것조차 쉽지 않다. 아직 나도 회사 곳곳에 뭐가 있는지 다 파악하지 못할 정도니까.

대략 정리가 끝났을 무렵, 전화벨이 울렸다. 송진원이었다. 그의 전화 목적은 분명했고, 질문도 나만큼이나 단도직입적이었다.

보도를 시작하다

"기사 안 쓰실 거죠?"

아무 말도 하지 않았다. 뭐라고 대답할까 고민을 하고 있는데, 그가 바로 치고 들어왔다.

"아무리 그래도 경찰을 건드리고 말이야. 그러면 안 되는 거잖아요, 기자님. 그러면 기사 안 되는 거잖아요."

아무래도 내가 대답을 안 한 게, 말문이 막혀 못한 것이라고 착각하는 것 같았다. 간단하게 대답했다.

"쓸 건데요?"

"경찰 때린 놈 말을 믿는 거예요?"

기사가 보도되면 언론중재위원회에 정정보도 신청을 하거나 민사소송을 제기하는 사람들이 있다. 사실 이게 기자 입장에서는 가장 번거로운 일이다. 기자는 수시로 부장, 데스크와 취재 방향을 의논해 기사를 작성한다. 사회부라면 기자가 초고를 쓰면 캡이 검수를 하고, 데스크를 거쳐 부장에게까지 올라간다. 그리고 부장의 최종 편집을 거쳐 출고된다. 기사는 기자 개인의 이름으로 나가지만 언론사 구성원들의 공동작품이기도 하다. 그래서 언론중재위원회든, 민사소송이든 기사로 인해 문제 제기가 들어오면 회사는 사내 변호사와 해당 분야 외부 변호사를 동시에 선임해 사건을 담당하게 한다.

회사에서 변호사를 선임해주는데 무슨 걱정이냐고 하는 사람들이 있다. 하지만 재판 준비 과정에서 기자가 담당하는 역할은 상당하다. 해당 사건을 가장 잘 이해하는 사람이기 때문이다. 소가 제기되면 기자가 취재했던 내용을 모조리 끄집어내고, 취재 착수 경위부터 취재 내용, 제보자와 사건 당사자 등에 대한 인터뷰까지 모든 자료를 다시 수집해야 한다. 기자 본래 업무만으로도 바쁜데 이런 '서류 작업'들을 하는 것은 정말 골치 아픈 일이다.

자료를 정돈된 문서 형태로 정리해서 변호사에게 전달하면 변호사는 법원에 제출할 답변서를 작성한다. 보통 기사가 보도된 지 한 달에서 두 달 정도 지나 소가 들어오는 경우가 일반적이지만, 2~3년이 지난 후에 소를 제기하는 사람도 있다. 소가 들어왔는데 정리해둔 자료가 없으면 어떨까? 소름 돋는 일이다. 민감한 기사를 쓸 때는 취재 초기부터 끝까지 자료를 모아둬야 한다.

이런 곤란한 일을 사전에 예방하기 위한 최선은 대화로 상대방을 납득시키는 것이다. 나는 가급적 상대방에게 기사가 나가기 전에, 우리가 왜 보도를 하는지 상세히 설명하려 한다. 그래야 나도 편하고, 상대방도 편하다. 송진원에게 말했다. 영상을 대충 보지 말고, 배속을 느리게 해서 꼼꼼하게 보라고. 그러면 김상교가 경찰을 폭행한 게 아니라는 걸 알 수 있을 것이라고. 그리고 전화를 끊었다.

2019년 1월 11일 토요일 오후. 송진원에게 다시 전화가 왔다. 오늘은 또 무슨 말을 하려고. 그는 대뜸 자신의 과거 얘기를 풀어놨다. 송진원은 자신이 MBC를 포함한 여러 방송국에서 일한 경험이 있었고, 친분이 있는 기자와 PD 등 언론인 여러 명과 연락하고 지낸다고 했다. 그리고 그중 한 명에게 자신이 김상교를 폭행한 일과 이 일에 대해 최근 MBC가 취재를 시작했다는 이야기를 전달했다고 했다. 그랬더니

보도를 시작하다

그 '언론인'께서 '도무지 이해할 수 없는 일'이라고 대답했다고 한다. '클럽에서 사람 때린 게 뉴스에 나갈 일이면, 9시 메인 뉴스는 매일같이 폭행 사건으로만 도배가 될 것'이라는 게 그 '언론인'의 설명이었다고 내게 충고했다. 송진원도 클럽에서 주취자를 상대로 한 폭행은 종종 있는 일이라고 덧붙여줬다.

누구인지 모를 그 '언론인'은 사건을 잘 이해하지 못한 게 분명했다. 첫째, 취객끼리 욕하고 주먹다짐하는 일은 뉴스거리가 안 되겠지만, 버닝썬처럼 강남 한복판에 위치한 최고급 클럽 임원이 손님을 무자비하게 폭행한다는 건 뉴스 가치가 있다. 아마 송진원이 자신 입맛대로 사건을 축소해 얘기했겠지. 어렵게 확보한, 생생한 CCTV 영상도 있지 않은가.

둘째, 폭행 사건이 클럽에서 손님들을 대상으로 흔히 발생한다는 건 더욱 상상하기 어려운 일이다. 송진원은 김상교를 사람들 눈에 띄지 않는 한적한 뒷골목이 아닌, 호텔 로비와 클럽을 잇는 길거리 한복판에서 폭행했다. 자신이 벌인 일이 전혀 문제되지 않을 것으로 생각했다는 뜻이다. 어쩌면 이런 일이 종종 벌어졌을 수도 있다.

셋째, 이런 폭행 사건이 벌어졌음에도 불구하고, 경찰이 가해자가 아닌 피해자만 현행범 체포한다는 건 상식적이지 않다.

넷째, 2018년 11월 24일, 만약 내가 그 자리에 있었더라도 똑같은 피해를 당했을 것이다. 경찰에 신고를 해도 그날의 김상교처럼 외로웠을 것이다. 술 취해 난동을 벌이는 주취자 취급을 받았을 것이고, 그들은 나를 조롱했을 것이다.

그들의 사고방식대로라면, 우리 모두 언제든 그날 김상교처럼 폭행 당할 수 있는 것이다. 나는 더 이상 비슷한 피해자가 나오지 않도록, 만약 이런 폭행 사건이 또 발생했을 땐 적어도 경찰의 공권력이 제대로 집행될 수 있도록 기사를 써야겠다는 마음을 굳혔다.

　　　　　　　　　　　　　　　　　　　　　　　보도를 시작하다

경찰은 오만했다

기자들에게는 출입처가 있다. 나처럼 강남 일대 경찰서를 출입하는 기자가 있는가 하면, 검찰과 법원을 출입처로 둔 기자도 있다. 청와대나 정부 부처, 서울시와 경기도 같은 지방자치단체, 국회나 기업 등 곳곳이 출입처다. 그리고 이 출입처는 주기적으로 변경된다.

우리 회사는 대개 1년 안팎을 주기로 출입처를 바꾼다. 경우에 따라 길면 2년, 짧으면 반년 만에 출입처가 바뀌기도 한다. 사회부 내에서 라인만 바뀌어도 적응하는 데 꽤 시간이 걸린다. 출입처가 바뀌었다고 기사가 뚝딱 나오는 게 아니기 때문이다. 새로운 취재원을 만들고 그들과 인간적인 교감을 할 수 있을 때까지 무르익는 시간이 필요하다. 그런데 부서 자체가 바뀌면, 예를 들어 경찰을 출입하다 검찰을 맡거나, 국회를 담당하게 되면 직장을 옮기는 것 같은 느낌을 받을 수밖에 없다.

출입기자는 각 출입처에서 발생하는 이슈를 취재해 보도한다. 매일

단독 보도를 하고 특종 기사를 쓰면 좋겠지만, 그럴 수 없는 노릇이다. 그래서 발제할 내용이 없을 땐 출입처에서 매일같이 보내주는 보도자료가 뉴스 아이템으로 요긴하게 사용된다. 사실 보도자료를 제대로 이해하고 기사를 쓰는 것도 쉽지 않은 일이다. 경제적 지식이 별로 없는 기자라면, 기획재정부나 한국은행 같은 출입처에서 나오는 보도자료를 제대로 이해하는 것조차 어렵다. 당연히 기사를 만들어내는 것도 쉽지 않다.

그럼 보도자료는 뭘까? 경찰을 기준으로 이야기를 풀어보자. 경찰서는 자신들이 수사한 사건 중 사회적 의의가 있는 것을 선별해 문서로 만들어 기자들에게 전송한다. 문서에는 사건 경위와 피의자의 수법 등에 대한 내용이 담긴다. 필요하면 범행 장면이 녹화된 CCTV 영상, 그리고 방송기자들을 위해 범행 위치 등을 공개하기도 한다.

여기서 상식적인 의문이 생긴다. 내가 보도자료를 작성하는 입장이라면, 잘 처리한 사건만 알리고 싶지 않을까? 아무리 중요한 사건이라도 피의자를 잡지 못했거나, 수사 부족으로 범죄 혐의를 입증해내지 못해 '증거 불충분', '불기소 의견'으로 검찰에 송치한 사건을 보도자료의 재료로 쓸 수 있을까?

내 경험상, '증거가 부족해 피의자 전원을 불기소 의견으로 송치했습니다만, 비슷한 피해가 우려되니 조심하세요'라고 말하는 보도자료는 보지 못했다. 결국 수사 과정과 결과가 좋은 내용들만 공개될 수밖에 없다.

낮 동안 인터넷에서 본 기사가 저녁 방송뉴스에서 다뤄지는 경우가

보도를 시작하다

있다. 공중파 3사는 물론, 종합편성 채널의 뉴스에서도 말이다. 이 경우 대부분 보도자료를 기반으로 생산된 뉴스라고 보면 된다.

매일 터지는 사건·사고들 틈에서 '나만의 기사'를 찾는 게 녹록지 않다. 그러다 보면 자연스레 발품 팔지 않아도 모든 게 갖춰진 보도자료의 단맛에 취하게 되고, 어느 순간 보도자료와 정보를 제공해주는 출입처를 비판하는 기사를 쓰기 어려워진다. 캡은 '한 출입처에 오랫동안 머물면서 취재원들과 어울리다 보면, 기자가 스스로 경찰·검사·공무원·국회의원이라고 착각하는 순간이 오는데, 항상 이를 경계해야 한다'고 강조했다. 착각이 시작되면 이들에 대한 언론의 비판 기능이 무너지기 때문이다.

그렇게 출입처에 익숙해지면, 민감한 질문을 던질 때 이런 대답이 돌아온다.

"이 기자, 잘 알면서 왜 그래. 시대가 어떤 시대인데, 우리가 어떻게 그렇게 했겠어."

잘 모른다. 딴지를 거는 게 아니고, 정말 잘 몰라서 눈을 질끈 감고 다시 물어본다. 그러면,

"우리가 조사 다 했다니까, 문제없으니까 수사로 전환 안 했지. 우리가 했다는데 왜 자꾸 물어봐?"

동료처럼 친근하던 그들의 목소리는 사무적으로 변하고, 말투는 퉁명스러워진다.

"우리가 조사 다 했어, 문제없어."

취재를 접어야 할까? 대부분은 그들의 말이 맞을지도 모르겠지만,

이번만큼은 예외다. 기자는 누구의 말이든 그냥 믿으면 안 된다. 우리가 월급을 받는 이유는 누군가를 대신해 끊임없이 질문하고, 의심하고, 취재를 통해 '진짜 사실'을 발견해내기 때문이다.

버닝썬 취재도 이렇게 시작됐다. 경찰은 모든 것을 부정했다. 그들은 자신들이 확인을 해준 것만이 '사실'이라고 했다. 그래서 우리의 기사를 거짓이라고 했다. 우리는 그들의 오만한 인식에 의문을 제기하며 취재를 이어갔다.

이 사건의 핵심은 송진원의 무차별적인 폭행이 아니었다. 폭행 사건 이후 벌어진 경찰의 정당하지 않은 공권력 집행과 그 이유, 그리고 경찰의 '독직폭행' 의혹이 우리가 다루고자 하는 이야기의 본질이었다.

폭행 장면이 찍힌 영상과 김상교의 진술을 고려하면, 현장에 출동한 경찰은 폭행 가해자가 클럽 안에 있다는 신고자의 주장에도 불구하고 가해자를 찾으려 클럽으로 진입하지 않았다. 폭행 장면이 고스란히 담긴 CCTV도 확인하지 않았다. 또 폭행 피해자이면서 신고자인 김상교를 뒷수갑 채워 현행범으로 체포했으면서, 정작 폭행 가해자인 송진원에겐 전화로 출석을 요구했다. 그것도 경찰이 전화를 직접 건 게 아니라, 클럽 직원을 통해서 대리 전달하게 했다.

경찰이 법원 명령으로 김상교에게 제공했던 순찰차와 역삼지구대 내부 영상도 의심스러웠다. 경찰 측에 불리해 보이는 정황들은 삭제된 것으로 보였고, 영상도 편집된 것처럼 부자연스러웠다. 그리고 경찰은 가해자와 피해자를 뒤바꾼 현행범체포이유서를 김상교에게 발송했다. 이제 경찰이 한 일들에 대해 '왜 그랬냐고' 질문할 차례였다.

보도를 시작하다

2019년 1월 25일. 거의 한 달 동안 준비했던 인터뷰를 진행하는 날이었다. 내가 오랜 기간 공들여 취재한 만큼, 경찰도 사실관계에 입각해 논리적으로 반박해주길 바라는 마음이 컸다. 그래야 동문서답하면서 시간 보내지 않고, 인터뷰 과정에서 내가 놓쳤던 사실관계도 확인할 수 있기 때문이다. 하지만 이날의 인터뷰는 기대한 만큼 매끄럽지 못했다.

우선 사건의 당사자인 역삼지구대를 찾아갔다. 당시 출동했던 경찰관에게 피의자를 찾으러 클럽에 들어가지 않은 이유, CCTV를 확인하지 않은 이유, 순찰차와 지구대 입구에서 김상교를 폭행했는지 여부를 물으려 했다. 물론 그들은 어떤 반론이나 해명도 하지 않을 게 분명했다. 아마 '언론 창구를 일원화하겠다'며 강남경찰서에 물어보라고 하겠지. 결국 강남경찰서에서 최종 인터뷰를 진행해야 할 테지만, 일단 역삼지구대로 갔다. 내부 CCTV 위치를 확인하기 위해서였다. 법원은 김상교의 증거보전 신청을 받아들여 지구대 내 설치된 모든 CCTV를 공개하라고 했는데, 경찰은 한 대의 영상만 공개했으니까.

홍의표 기자가 밤에 사건·사고를 취재하는 척하면서 역삼지구대에 설치된 CCTV 4대의 위치를 사진에 담아왔다. 경찰은 이미 MBC가 '버닝썬 폭행 사건'을 취재한다는 것을 어느 정도 인지하고 있었다. 그러다 보니 홍의표 기자에 대한 경찰의 감시가 심했다고 한다. 평소 야간조 팀장과 함께 믹스커피도 마시면서 이런저런 얘기를 하곤 했는데, 그날따라 싸늘했다는 것이다. 역삼지구대의 CCTV는 이번 보도에서 중요한 부분이었다. 이중 확인이 필요했다.

영상취재기자와 역삼지구대를 찾았는데, 예상대로였다. 경찰은 해명이나 반론은커녕 당장 지구대에서 나가 달라고 요청했다. 대화를 할 수 있는 상황이 아니었다. 그래도 CCTV가 가리키는 방향을 확실하게 파악했으니 목적은 달성했다. 이제 강남경찰서로 갈 차례였다. 출발하기 전 담당 과에 전화를 걸어 정식으로 인터뷰에 응해줄 것을 요청했고, 우여곡절 끝에 인터뷰를 시작했다.

경찰은 김상교만 현행범으로 체포한 이유를 클럽에 대한 업무방해 혐의 때문이라고 설명했다. 경찰이 현장에 도착했을 때, 김상교가 흥분한 상태로 쓰레기통을 발로 차는 등 클럽의 업무를 방해하고 있었고, 임의동행을 요청했지만 거부했기 때문에 체포할 수밖에 없었다고 설명했다. 반면 폭행 가해자인 송진원은 신분이 확인됐고, 스스로 폭행 사실을 인정했으며, 지구대로 오라는 경찰 요청에 순순히 응했기 때문에 굳이 클럽 내부를 수색할 필요가 없었다고 말했다.

경찰은 현장 CCTV를 확인하지 않았던 이유도 해명했다. 지구대는 수사기관이 아니라 현장 초동조치기관이기 때문에 굳이 CCTV를 확인할 필요가 없었다는 것이다. 피의자를 강남경찰서로 넘겨주면, 강남서 형사과에서 CCTV를 수사할 것이기 때문에 절차상 문제가 없었다는 설명이었다.

꽤 논리적으로 보였다. 하지만 경찰의 주장 곳곳에 허점이 있었다. 먼저 김상교의 업무방해 혐의다. 김상교가 클럽의 업무를 방해한 것은 경찰이 현장에 도착하고 차에서 내리지 않았던 2분 동안이었다. 초동조치를 중시한다는 경찰이 현장에 도착하자마자 차에서 내려 신

　　　　　　　　　　　　　　　　보도를 시작하다

고자의 이야기를 들었다면, 그들이 말하는 '업무방해'가 발생했을까?

클럽을 수색하지 않았던 이유도 납득하기 어려웠다. 경찰은 클럽 직원을 통해서 송진원에게 임의동행을 요청했다. 폭행 가해자와 버닝썬, 그리고 경찰이 그동안 얼마나 단단한 신뢰를 형성해뒀기에 이렇게 일이 처리될 수 있었을까.

그리고 경찰은 출동한 지구대 경찰관들이 CCTV를 볼 필요가 없다고 말했다. 하지만 CCTV를 봤다면 갈비뼈 3대가 부러진 청년이 뒷수갑을 차는 일은 벌어지지 않았을지도 모른다. 또 버닝썬이 사건을 무마하기 위해서 CCTV를 없앴다면 다음 수사는 어떻게 진행될 수 있을까? 여러 가지 의문이 남았다. 끝으로 이날 인터뷰의 하이라이트는, 내가 순찰차 블랙박스와 역삼지구대 내 CCTV를 언급하자 경찰이 보인 반응이었다.

"그 영상을 어떻게 봤습니까? 저희가 법원에만 제출했고 당사자만 열람할 수 있는데. 그건 안 되는 걸로 알고 있습니다. 나중에 소송에 중요한 자료로 사용이 될 거고."

그러면서 이렇게 덧붙였다.

"그 동영상은 뉴스에 나가면 안 됩니다. 나중에 MBC 측에 법적 문제가 생길 수 있습니다. 참고로 아십시오. 진행 중인 사건이기 때문에 그걸 전 국민 상대로 오픈해버리면 문제의 소지가 좀 있을 수 있습니다."

그러니까 해당 영상이 김상교에 대한 경찰의 소송에 필요한 자료이며, 언론이 이를 공개하면 법적 대응을 하겠다는 말이었다. 우리의 입을 막으려는 것으로 느껴졌다.

그동안 사회부에서 일하며 아동학대 사건을 여러 번 취재했다. 피해 아동의 학부모들이 학대 장면이 찍힌 CCTV를 근거로 어린이집 원장에게 문제를 제기하면, 원장은 대부분 '죄송하다'는 사죄 대신 법적인 문제를 들먹이곤 했다.

"여기에 다른 아이들과 선생님의 개인정보가 담겨 있어요. 언론에 공개하면 법적인 문제가 생길 수 있습니다."

피해 아동의 부모로부터 원장이 이런 말을 했다는 사실을 들으면 실망감과 절망감이 몰려온다. 부모는 그들을 교육자라고 믿고, 눈에 넣어도 아프지 않은 자식을 맡긴다. 하지만 법을 운운하면서 대응에 나서는 원장들은 교육자보다는 사업가에 훨씬 가깝다.

그들이 정말 걱정하는 게 CCTV에 찍힌 다른 아이들의 개인정보일까, 아니면 자신의 어린이집에서 학대 사건이 발생했다는 사실이 외부로 노출돼 사업에 타격을 받는 것일까? 저들이 교육자였다면 피해 학부모에게 법적 대응 운운하면서 입막음 시도부터 할 게 아니라, 진심 어린 사과부터 해야 할 것이다.

그런데 이런 종류의 답변이 경찰에서 나왔다. 어린이집 아동학대 사건을 취재할 때와 비슷한 종류의 절망감이 느껴졌다.

보도를 시작하다

버닝썬 기사에 버닝썬을 빼다

"연예인분들이 사업을 하면 그냥 이름만 빌려주는데, 저는 진짜 제가 경영에 참여해요. 안 그러면 고객들이 신뢰를 하지 않아요."

2018년 3월 16일, 한 예능 프로그램에 나온 그룹 빅뱅의 멤버 승리가 한 말이다. 승리는 방송에서 자신이 대표를 맡고 있다는 강남의 한 클럽에 방문해 음향과 조명을 꼼꼼하게 챙기는 모습을 보여줬다. 대표 역할의 중요성을 강조하면서 말이다.

승리가 방문했던 그곳이 바로 클럽 '버닝썬'이다. 승리의 기획력 때문이었을까? 버닝썬은 오픈 즉시 강남에서 '핫플(핫플레이스)'로 불리며 사람들을 불러 모았다. 클럽이라 주말에만 장사하는데도 월 매출이 20억 원을 넘는다는 소문이 나돌기도 했다. 그곳은 '승리 클럽'이라고 불렸다.

붙잡고 '집단 폭행'했는데 … "맞은 사람이 '가해자'" / 이문현

갈비뼈 부러져 숨 겨우 쉬는데 … 양팔 '뒤로 수갑' / 박윤수

2019년 1월 28일. 지난 한 달 동안 준비했던 기사를 보도하는 날이었다. 기사는 두 개로 나눴다. 김상교에 대한 폭행과 현장에 출동한 경찰의 어처구니없는 대응, 그리고 가해자와 피해자를 뒤바꿔 놓은 현행범 체포이유서를 내 기사에 담았다. 박윤수 선배는 피해자의 인권을 전혀 고려하지 않은 경찰 대응의 문제점을 짚었다. 경찰은 갈비뼈가 부러져 호흡 곤란을 호소하던 김상교를 제압해 1시간 30분 동안 지구대 의자에 묶어뒀다. 김상교의 어머니가 보호자로 와있던 상황에도 그랬다. 김상교의 어머니는 아들이 호흡 곤란을 호소하자 119를 불렀는데, 경찰은 '조사를 먼저 해야 한다'며 이송을 거부했다.

기사 구성을 마쳤는데, 예상치 못했던 고민이 생겼다. 바로 승리의 존재였다. 우리는 경찰의 어이없는 대응을 고발하는 나름대로 무거운 기사를 준비했는데, 빅뱅의 멤버 때문에 뉴스가 '가십'으로 소비될까 걱정됐다.

온라인에서 제목에 낚여 클릭했다가, 알맹이 없는 기사에 '속았다'는 생각이 들 때가 있다. 이런 걸 '제목 장사'라고 부른다. 포털에 쏟아지는 수많은 기사 속에서 조금이라도 돋보여 시청자들의 클릭을 이끌어내려면 어느 정도의 제목 장사가 필요하다. 그러나 캡은 이번 기사만큼은 '제목 장사'를 하지 않는 게 좋겠다고 했다. '버닝썬', '승리 클럽' 등의 문구들이 제목에 박힌다면, '많이 본 뉴스'나 '댓글 많은 뉴

스' 상위권에는 오를 수 있을 것이다. 하지만 캡은 우리 스스로 취재의 본질을 흐릴 필요는 없다고 판단했다.

고민을 거듭한 끝에, 제목은 물론 기사 본문에서도 '승리', '빅뱅', '버닝썬'과 같이 가십으로 보일만한 단어들을 모조리 덜어냈다. 김상교와 만난 2018년 12월 28일부터 보도일인 2019년 1월 28일까지. 한 달 동안 준비한 우리 기사는 그렇게 방송에 나갔다. 애착이 가는 뉴스를 보도한 날 밤엔 '네이버'와 '다음'을 들락거리며 시청자 반응을 확인한다. 하지만 그날은 그럴 힘조차 없었다. 뉴스가 끝난 후, 긴장이 풀리면서 몸이 녹아내리는 느낌을 받았다. 빨리 집에 가서 잠이라도 자고 싶은 마음뿐이었다.

언리미티드

2019년 1월 29일. 깊이 잤다. 오랜만에 맞이한 개운한 아침이었다. 어제 확인하지 못했던 기사 댓글들을 보려고 휴대전화를 들었다. 네이버와 다음의 '많이 본 뉴스' 상위권에 우리 기사가 모두 올라와 있었고, 댓글은 이미 수천 개가 달려 있었다. 이날은 경찰의 '독직폭행' 기사를 보도하는 날이었다. 마음이 무거웠는데, 시청자들의 반응을 보니 조금 힘이 났다.

기사가 있는 날에는 개요를 작성해 캡에게 전달한다. 캡은 발제문과 일정을 종합해 어떤 리포트를 넣을지 보고하고, 부장은 이것들을 취합해서 편집회의에 들어간다. 편집회의는 보도국장 주재로 각 부서의 장들이 모여 발제들을 공유하고, 어떤 뉴스를 메인 뉴스시간에 보도할지 결정하는 자리다. 보통 1시간 남짓한 뉴스에 들어가는 리포트는 광고를 제외하고 25개 정도다. 내가 발제한 리포트가 그날 보도될 수 있을지, 그렇다면 시간은 얼마나 배정받을 수 있는지 등등이 편집회

보도를 시작하다

의에서 결정된다. 많은 시간이 배정됐다는 건, 내 기사의 1차 독자인 편집회의에서도 반응이 좋았다는 얘기다. 부담스럽지만 기분 좋은 일이다. 아래는 이날 보고했던 기사 개요다.

"경찰에게도 폭행 당했다"… 증거 CCTV에 '손댄' 경찰

김상교 씨는 연행되면서, 그리고 지구대 내에서 경찰에게 폭행을 당했다고 주장함(1차: 순찰차 내 / 2차: 지구대 현관 앞 / 3차: 지구대 내).

→ 김 씨는 억울함 토로하며 CCTV에 대한 두 차례 정보공개 청구를 했지만 경찰은 사생활 침해 우려를 이유로 비공개함.

→ 결국 김 씨는 변호사까지 수임해 법원에 증거보전 신청을 했고, 법원은 경찰이 관련된 모든 CCTV를 공개할 것을 결정함.

→ 며칠 뒤 경찰은 영상들을 공개함.

→ 1차 폭행 관련 블랙박스 영상은 2배속으로 빨리 감겨져 있었음. MBC가 확보한 원본 CCTV 영상과 비교해 보니 속도와 선명도에서 확연한 차이를 보임. 결국 경찰이 원본 영상을 제출하지 않은 것임(경찰이 제출한 영상은 2분 30초인데, 원본은 5분 5초 분량). 또한 2차와 3차 폭행 관련 CCTV를 제대로 제출하지 않음(지구대 내 총 4대의 CCTV가 있는데, 경찰은 1대만 제출). 하지만 제출한 1대마저도 경찰서 벽에 가려져 폭행 장면이 확인되지 않음.

→ 경찰은 블랙박스의 편집 영상을 제출한 건 실수라고 밝힘. CCTV 4대 중 1대만 제출한 것에 대해선, 2대는 가짜 CCTV이며, 나머지 1대에는 김상교 씨의 모습이 많이 찍히지 않아 제출

하지 않았다고 해명함.

→ 김 씨 변호인은 서울강남경찰서를 직무유기와 증거인멸 혐의로 고소함.

발제를 마치고 편집회의가 끝날 때까지 기다리면서 타사의 동향을 살폈다. 밤새 꿈쩍하지 않던 다른 언론사들이 하나둘 우리 보도를 인용하며 기사를 '받고' 있었다. 우리 기사와 가장 큰 차이는 기사 제목에 '버닝썬'이나 '승리' 같은 단어가 언급됐다는 점이다. 기사가 많아지면서 네이버 실시간 검색어 상위권까지 장악하기 시작했다. 여담이지만, 이후 다른 언론사들은 찰떡같이 버닝썬임을 알아내 제목에 적었고, 우리도 더 이상 숨길 필요가 없어서 제목에 버닝썬을 추가했다.

그때 편집회의가 끝났는지 캡에게 카톡이 날아왔다.

'문현아 시간, unlimited(언리미티드).'

언리미티드? 무슨 말인지 한참 생각했다. 캡은 편집회의가 끝나면 그날 사회부에서 담당할 리포트와 시간을 사회부 기자들 전체가 모인 카톡방에 공지한다.

①"경찰에게도 폭행 당했다" … 증거 CCTV에 '손 댄' 경찰 / 2분 30초

②○○○ ○○○ / 2분

③XXX XXX / 2분

이런 식인데, 그날은 내가 생각했던 2분 30초 대신에 제목 옆에

'unlimited'라고 적혀있었다. 쓰고 싶은 만큼 쓰라는 얘기였다. 1시간 남짓한 뉴스데스크 시간에 내 뉴스를 하고 싶은 만큼 하라니. 이게 무슨 말인가?

독직폭행 영상을 찾아라

독직폭행. 어감부터가 좋지 않은 이 낯선 법률 단어는 경찰·검찰 등 수사기관 관계자가 자신의 지위를 남용해 형사 사건 피의자나 일반인을 폭행하는 행위를 말한다. 이번에 제기할 문제는 공권력의 남용이다. 먼저 김상교가 법원으로부터 확보했던 경찰 관련 영상과 그동안 내가 취재했던 내용을 복기해보자.

김상교는 지구대로 이동하는 순찰차에서 경찰에게 폭행당했고, 역삼지구대에 들어가면서 또 한 번 피해를 입었다고 주장했다. 이를 입증하기 위해 법원에 영상 보전 신청을 했고, 법원은 경찰에 영상 공개를 명령했다. 그러나 경찰이 공개한 영상은 누가 보더라도 '손댄 흔적'이 역력했다. 그것도 굉장히 '질 낮은' 편집이었다. 우선 1차 폭행을 당했다는 순찰차 블랙박스 영상부터 살펴봤다.

김상교는 순찰차가 출발한 직후, 경찰이 자신의 부러진 갈비뼈를 쥐고 어깨 부분을 때렸다고 주장했다. 그런데 영상은 출발 직후 모습이 통으로 존재하지 않았다. 거기다 화질이 너무 떨어져서 차량 안에서 벌어진 행위를 제대로 식별할 수 없었고, 영상 빠르기는 2배속으로 되어 있었다. 첫눈이 내린 날이라 순찰차에는 와이퍼가 작동되고 있었는데, 영상을 보면 와이퍼의 속도가 비정상적으로 빨랐다. 날아다녔다고 표현해도 괜찮을 만큼.

'경찰이 숨기고 싶은 게 있구나.'

의문이 생길 수밖에 없었다. 영상 원본을 찾고 싶었다. 찾아야만 했다. 이 영상을 그대로 시청자들에게 보여주더라도 충분히 '편집된 영상'이라는 것을 알아챌 수 있을 것이다. 그런데 만약 우리가 원본 영상까지 찾아 비교해 보여준다면 그 효과는 배가 될 것이 분명했다.

그런데 원본을 찾으려니 막막했다. 경찰이 원본을 갖고 있을 텐데, 그걸 어떻게 확보할 수 있을까. 알고 지내던 경찰 정보관에게 부탁해볼까. 김상교를 통해 이 사실을 법원에 알리고, 다시 재판부 판단을 기다려볼까. 그것도 아니면 경찰청을 피감기관으로 두고 있는 국회 행정안전위원회 소속 국회의원실에 부탁해볼까.

당연히 첫 번째 방법은 불가능할 것이다. 경찰이 마음먹고 '손댄' 것처럼 보이는 영상을 다른 경찰관이 어떻게 빼낼 수 있단 말인가. 두 번째 방법은 시간이 너무 많이 걸린다. 그리고 법원이 김상교의 요청을 받아들여 줄 것이라고 보장할 수 없다.

세 번째, 국회의원을 통하는 방법은 가장 손쉽고, 확실하다. 그래서 기자들이 종종 사용한다. 하지만 이 방법을 사용하면 두 가지 문제가 생긴다. 'MBC-강남경찰서'로 연결되던 취재의 고리가 'MBC-국회의원-경찰청-강남경찰서'로 확장된다. 우리가 취재하고 있는 내용들이 외부로 알려지게 될 우려가 있다. 이런 방식으로 자료를 넘겨받으면 국회의원에게 '빚'도 지게 된다. 의미 있는 자료를 제공한 국회의원을 인터뷰해 주는 건 관례처럼 굳어졌다. 자료만 받고, 모른 척해버리면 '상도덕 없는 기자'로 찍히고, 다음부터는 관계가 끊어지게 된다. 어쨌든 국회의원을 통한 자료 확보는 선택하고 싶지 않았다.

그러다가 한 가지 방법이 떠올랐다. 경찰차에 블랙박스를 공급하는 제조사를 알아보면 어떨까? 바로 교통 담당 경찰관들에게 블랙박스 제조사가 어디인지 수소문했다. A 업체가 해당 블랙박스를 제조·공급했다는 사실을 확인했다.

'혹시 경찰 순찰 차량 블랙박스에는 자동으로 영상이 백업되는 시스템이 있진 않을까?'

'아니야, 개인정보 보호 때문에 그렇게까지는 하지는 않을 거야.'

'그래도 지금 이 영상이 몇 배속으로 조정된 것인지 정도는 알 수 있지 않을까?'

오만가지 생각을 하다가, '그래, 그냥 한번 찾아가 보자' 하고 마음을 굳혔다.

2019년 1월 24일. 블랙박스 제조사 본사는 경기도 외곽에 있었다. 미리 연락해서 약속을 잡으면 원본이 있더라도 지워버리거나, 이런저런 핑계를 대며 보여주지 않을 수 있다는 생각이 들었다. 그래서 무작정 찾아갔다. MBC가 있는 서울 마포구 상암동에서 차로 2시간 거리에 있는 곳이었다. 한적한 동네였다. 회사 내부로 들어가니, 머리가 희끗한 인상 좋은 어르신 한 분이 나왔다.

"안녕하세요, 저는 MBC 이문현 기자라고 합니다. 불쑥 찾아와서 죄송합니다. 여쭤보고 싶은 게 있습니다."

"네, 무슨 일이시죠?"

"경찰에 블랙박스를 납품하시죠? 혹시 영상이 백업되는지 알 수 있을까요?"

"여기는 제조만 하는 곳이라, 그것까진 알 수 없어요."

본사는 블랙박스 제조를 담당하고, 서울에 있는 지사에서 소프트웨어 개발과 운영, 영업을 모두 담당한다고 했다. 어르신은 지사 주소가 적힌 명함을 한 장 주면서, 친절하게 '미리 연락을 해두겠다'고 말씀하셨다.

어르신이 '연락해두겠다'고 말하는 순간, 나는 취재가 망했다고 직감했다. 아마도 지사는 어르신의 연락을 받고, 발주처인 경찰에 상황을 설명하며 어떻게 대응할지 물을 것이다. 우리가 찾아갔을 때, 이미 경찰과 말을 맞춰 놓은 상태일 것이 분명했다. 그러면 정말 왕복 4시간을 허공에 버린 꼴이 된다.

꼬박 2시간을 더 달려 지사에 도착했다. 벤처 기업들이 대거 입주한 건물이었다. 오늘 취재를 같이 나온 영상취재기자 선배에게는 '취재가 잘 안 될 것 같다, 죄송하다'고 미리 말했다. 사무실에 들어가자 책임자가 나왔다.

"본사까지 다녀오셨다고? 고생 많으셨네."

그러면서 요구르트를 하나 건네줬다.

'어떻게 저렇게 경계심 없이 대할 수 있지? 저것도 작전인가? 웃으면서 영상 없다고 말하려는 건가?'

방문 목적을 말씀드렸다. 기대 없는 방문이다 보니, 부담도 없었다.

"사장님, 경찰차 블랙박스 제조하시죠?"

"그렇지, 그런데 반은 맞고 반은 틀려."

이건 또 무슨 말이지?

"그게 무슨 말씀이세요?"

"블랙박스를 만드는 건 맞는데, 납품은 얼마 전에 끊겼어."

빨대로 마시던 요구르트가 목에 턱 걸렸다. 적어도 내가 온다는 걸 경찰에 알리지는 않았겠구나. 일단 안도했다. 그리고 경찰이 공개한 블랙박스 영상을 그에게 보여줬다.

"혹시 이 영상 원본을 볼 수 있을까요?"

"그런데, 이건 왜?"

영상을 처음 본 사람의 반응이 아니었다. 결론부터 말하면, 나는 그날 원본과 최대한 가까운 영상을 확보했다. 길이는 5분 5초. 경찰이 제공한 영상의 정확히 두 배 길이였다. 화질도 선명했다. 경찰이 김상교를 순찰차에 욱여넣는 모습, 머리카락을 잡는 모습, 갈비뼈 통증을 호소하는 김상교의 몸 위에 올라타는 모습 등등이 선명하게 보였다. 하지만 웬일인지 이 영상에도 김상교가 본격적으로 폭행당했다는 출발 직후 모습은 담겨 있지 않았다.

CCTV는 지구대에 끌려온 사람들의 인권을 보호하고,

동시에 경찰관 자신을 보호하는 방패 같은 역할을 한다.

그래서 지구대에는 CCTV가 촘촘하게 설치된다.

'지구대엔 사각지대가 없다'는 말이 괜히 나오는 게 아니다.

강남경찰서 산하 지구대 중,

역삼지구대처럼 '깡통' CCTV를 유지하는 곳은 단 한 곳도 없었다.

아무도 몰랐던
그곳의 진실

저는 억울합니다

2019년 1월 28일, 첫 번째 기사가 나간 날. 자려고 누웠는데 송진원에게 전화가 걸려왔다. 그는 억울하다고 했다. 사람 갈비뼈 세 대를 부러뜨리고도 피해자가 되셨는데 도대체 무엇이 억울하냐고 되물었다. 그는 김상교가 흘린 피는 자신의 폭행과 무관하다고 주장했다. 때린 건 맞지만, 피가 나게 때린 건 아니라는 말이다.

'그럼 김상교는 왜 피를 철철 흘린 거지?'

뒷수갑에 묶인 상태로 역삼지구대에 앉아 있던 김상교의 얼굴에는 분명히 피가 흐르고 있었다. 피는 그의 흰색 티셔츠를 적셨다. 경찰은 김상교가 바닥에 흘린 피를 대걸레로 닦아냈다. 송진원은 경찰서로 오라는 버닝썬 직원의 전화를 받고 역삼지구대에 도착했을 때, 김상교 얼굴이 피범벅이 된 것을 보고 오히려 자신이 놀랐다고 했다. 송진원이 아니라면 누가 김상교를 그렇게 만든 것일까?

"이해가 안 갔던 게 저는 얼굴을 그렇게 때리지 않았어요. 그런데 파출소에 갔을 때 코피가 나 있더라고요. 그래서 오히려 제가 먼저 파출소에 먼저 가 있던 직원에게 물어봤어요. 재 왜 코피나? 멀쩡했잖아?"

그러면서 송진원은 친절하게 자신의 '사람 폭행하는 스타일'을 설명했다.

"저는 절대 사람을 발로 차지 않아요, 이 덩치에 그러면 맞은 사람이 온전하지 못해요. 그리고 저는 사람 면상을 상처날 정도로 때리는 스타일이 아니에요. 저는 주로 배 쪽을 때려요. 얼굴에 상처가 생긴 건 이후의 일이에요, 분명히."

뭐든 아는 만큼 보인다. 송진원이 김상교를 때린 부분을 0.5배속으로 돌려봤다. 얼굴을 때리는 것처럼 보였지만 사실은 머리와 관자놀이 부근을 때린 것이었다. '상처를 내지 않는다'는 그의 말처럼, 김상교는 갈비뼈 세대가 부러지는 '내상'만 입었을 뿐, 그에게 맞은 후 피를 흘리지 않았다. 김상교가 경찰을 부르고, 경찰 앞에서 버닝썬의 쓰레기통을 발로 찰 때도 그가 얼굴에서 흐르는 피를 닦는 모습은 일절 없었다.

그렇다면 그날 역삼지구대에서는 무슨 일이 있었을까. 순찰차에서 내린 김상교는 지구대로 끌려 들어갔다. 이때만 해도 흰색 상의 어디에도 피가 묻어있지 않았다. 그런데 지구대 입구의 두 번째 유리문을 통과하는 장면에서는 달랐다. 지구대로 들어가려면 유리문 두 개를 거쳐야 한다. 김상교는 경찰에게 끌려 쓰러지며 유리문 안으로 들어왔다. 첫 번째 유리문과 두 번째 유리문 사이에서 경찰에게 폭행을 당했다는 게 김상교의 주장이었다. 김상교는 영상을 본 날, 이렇게 설명했다.

아무도 몰랐던 그곳의 진실

"그때 계단을 올라가면서 이 사람이 뒤에서 다리를 걸면서 몸을 확 밀쳤어요. 확 밀쳐서 제가 수갑을 찬 채로 쭉 밀렸어요. 쭉 밀려서 넘어졌죠."

"그때 그 사람 발이 날아와서 이렇게, 이렇게 맞다가 밀리면서 유리창 밑에 스테인리스가 있잖아요, 두꺼운 거. 거기에 얼굴을 팍 박았어요. 박았는데 거기서 코피가 터진 거죠. 그때 피가 팍 터졌어요."

버닝썬에서 지구대로 출발하기 직전까지만 해도, 심지어 지구대로 들어오기 전까지만 하더라도 멀쩡했던 김상교의 얼굴은 지구대로 들어온 후 피범벅이 되어 있었다. 김상교의 말대로 출입구에 있던 두 개의 유리문 사이 공간에서 무슨 일이 있었던 것은 분명해 보였다.

하지만 경찰은 김상교가 두 번째 유리문 앞에서 혼자 넘어져 코피가 난 것일 뿐 절대 폭행은 없었다고 강조했다. 양 측의 주장이 엇갈렸다. 해답은 간단했다. 경찰이 출입문을 정면으로 비추고 있는 CCTV를 공개하면 될 일이었다.

CCTV는 깡통이었습니다

검찰 조사를 받거나, 법원에서 재판을 받아본 적이 있나? 기자로 일하다
보면 명예훼손 같은 형사소송이나, 손해배상청구 같은 민사소송에 휘말
릴 때가 있다. 누군가의 고소나 고발로 수사기관에 나가 조사받기도 하
고, 기소가 되면 재판을 받게 된다. 기자들은 피해자와 피의자, 법조인들
과 자주 접촉한다. 경찰·검찰과 같은 수사기관을 출입하다 보면 이런 절
차는 물론, 온갖 법률 용어에도 익숙해지게 된다. 하지만 내가 직접 법정
에 피고인으로 서는 건 차원이 다른 문제다. 송사에 휘말리면 회사에서
변호사를 선임해주지만 직접 수사를 받고 재판에 나갈 때는 긴장되고 떨
릴 수 밖에 없다.

한창 버닝썬 관련 사건을 취재하던 중에 서울중앙지검 강력부의 조사를
받은 적이 있다. 취재 과정에서 문제가 없었다고 판단했고, 회사에서 선

임해준 변호사도 옆에 함께 있었지만, 조사를 받고 조서를 읽는 5시간 동안 가슴이 먹먹했던 기억이 있다. 결국 불기소 처분이 나서 재판까지 받진 않았지만, 불기소 처분 결정이 나기까지 마음 졸였던 기억이 생생하다. 그 기간 동안 내 취재 활동은 위축되고, 방해받을 수밖에 없었다. 날 고소한 국가기관과 담당 공무원을 무고로 맞고소하고 싶다는 마음이 들 정도였다.

우리처럼 평범한 사람들은 수사와 재판 과정에서 수사기관의 지시를 충실하게 따른다. 출석하라고 하면 제시간에 출석하고, 자료를 내라고 하면 성의를 다해 작성한 문서를 제출한다. 딱히 잘못한 게 없으니 묵비권을 행사할 일도 없다. 하지만 아마도 이는 법에 대한 경험치가 적기 때문일 것이다. 검사가 시키는 일을 하지 않으면, 불기소 처분할 것을 기소하지는 않을까? 약식명령으로 끝날 사건을 재판에 넘기는 건 않을까? 이렇게 조금이라도 불이익을 받을까 두려워, 우리는 사법 당국에 적극적으로 협조한다. 그런데 법을 알고 이용하려는 사람들은 좀 다르다. 본인들의 손익을 정확히 계산하고, '숨기는 이익'이 더 크다고 판단하면 과감히 숨긴다. 경찰은 당시 어떤 판단을 내린 것일까?

옆의 그림처럼 역삼지구대에는 모두 4대의 CCTV가 있다. 책상 바로 위에 있는 1번 CCTV가 출입문을 정면으로 비추고 있었다. 경찰이 저 CCTV 영상을 공개하면 독직폭행 논란은 간단히 결론이 날 것이었다. 그런데 경찰은 모든 CCTV를 공개하라는 법원의 결정에도 불구하고 4번 CCTV 하나만 공개했다. 4번은 출입문을 비스듬하게 비추고 있어서 유리문 너머의 상황은 알 수 없었다.

보도 전에 상대의 해명과 반론을 확보하는 것이 중요하다. 보도 절차상 필요할 뿐 아니라, 상대방의 해명을 들으면서 내가 놓쳤던 또 다른 사실관계를 확인할 수도 있기 때문이다. 경찰의 해명은 군더더기 없이 간결했다. 4번을 제외한 모든 CCTV가 소위 '깡통'이라는 것이다. 2015년, CCTV 성능 개선을 위해 정보화장비과에서 CCTV를 재설치 했는데, 그때 4번 CCTV를 제외하고 나머지 CCTV의 선을 모두 끊어놨다고 설명했다. 모형만 있는 가짜 CCTV이니 공개할 것도 없다는 게 경찰의 주장이었다.

CCTV 성능 개선을 위해 기존 CCTV 선을 잘랐다는 말인데, 이 해명을 받아들일 수 있는 시청자가 얼마나 될까? 당황스러웠다. 취재 시점은 2019년 1월. 그렇다면 4년 간 작동하지 않는 그 CCTV를 방치했다는 말인데, 그걸 믿으라는 말인가! 경찰은 이런 말도 했다.

아무도 몰랐던 그곳의 진실

"저희가 동영상을 많이 보고 계속 검토를 했는데, 구체적으로 우리 경찰관이 폭력을 행사한 부분은 발견하지 못했습니다."

하여튼 쓸데없는 말이 많아지면 그만큼 빈틈이 생긴다. CCTV가 '깡통'이라서 동영상이 없다더니, 도대체 어떤 동영상을 보면서 폭력이 없었다고 말하는 것인지, 도무지 납득이 되지 않았다. 순찰차 블랙박스 영상 앞부분이 통째로 잘려나간 것은 차량 시동을 걸고 50초 동안은 블랙박스가 작동하지 않기 때문이라고 설명했다. 도대체 왜 가장 중요한 영상은 항상 없는 것일까? 참 공교로운 일이다.

지금 상황대로라면 '맞았다'는 김상교와 '때리지 않았다'는 경찰 모두 자신의 주장을 뒷받침 할 수 있는 객관적인 증거가 없는 셈이었다. 그래도 송진원의 증언 덕분에 하나는 확실해졌다. 김상교가 피를 흘린 시점은 적어도 역삼지구대에 도착한 이후라는 것이다.

아래는 '2011년 12월 19일'에 여러 언론사에서 보도된 기사 내용이다. 기사 내용과 형식을 보아 강남구청에서 보도자료를 배포했던 것으로 보인다.

> '서울 강남의 모든 CCTV를 한 곳에서 통제하는 'u-강남 도시관제센터'가 오늘 문을 열었습니다. 강남구는 **'역삼 지구대 안에 관제요원 등 68명을 상주시켜 관할 CCTV 1,065대를 전국 최초로 24시간 통합 관제한다'**고 밝혔습니다.
> 강남구는 'u-강남 도시관제센터'를 통해 방범과 불법 주정차, 어린이 안전, 수해예방 등을 모두 통제할 수 있도록, CCTV의 기능을 개선했습니다.'

최첨단 CCTV 관제실을 역삼지구대에 설치했다는 기사다. 역삼지구대의 해명이 궁색하게 느껴졌다. 그게 아니면 기자들의 취재력을 아주 우습게 알았거나.

지구대 CCTV의 역할

지구대와 파출소는 최일선 치안 행정기관이다. 순찰로 지역 주민의 안전을 책임지고, 112 출동과 초동조치 업무를 맡는다. '지구대'는 관할구역으로 읍, 면, 동 3곳 이상을 담당하고, '파출소'는 2곳 이하를 맡는다. 주민들과 가장 밀접한 곳에서 치안을 담당하니 조용할 날이 없다. 이태원이나 홍대, 신촌처럼 유흥가가 밀집한 지구대라면 더욱 그렇다.

기자들은 수습 기간에 경찰서는 물론, 지구대와 파출소를 돌면서 사건·사고를 취재하는 연습을 한다. 2013년 겨울, 수습기자 시절 내 담당은 서울 송파경찰서와 강동경찰서였다. 밤새 두 경찰서를 오가며 형사과 앞에 쭈그려 앉아 주차장으로 순찰차가 들어오는 것을 보면, 벌떡 일어나 수첩과 펜을 들고 정문 앞으로 달려갔다. 지구대에서 경찰서로 인계하는 사람들을 취재하기 위해서였다.

지구대 경찰관들은 수갑 채운 사람들을 형사과로 인계하면서 질문에 대답하지 않고 우리를 지나쳤다. 그래서 전략을 바꾸기로 했다. 지구대에서 대기하는 것이다. 나는 주로 천호지구대를 찾았다. 서울 강동경찰서 산하 지구대인데, 유흥가와 모텔촌을 끼고 있어 항상 시끌벅적했다. 지구대 한

아무도 몰랐던 그곳의 진실

쪽 구석에 앉아있으면, 밤새 잠도 못 자고 경찰서를 전전하는 우리를 불쌍하게 여기던 야간조 팀장님이 커피를 타주며 "젊었을 땐 다 그렇게 고생한다. 힘내"라고 격려해주시곤 했다.

지구대에 있으면 다양한 사람들이 갖가지 이유로 끌려오는 걸 볼 수 있었다. 술집에서 무전취식을 한 사람, 경찰관에게 시비를 거는 사람, 심지어는 바바리맨까지도 마주해봤다. 이들이 조사받는 모습을 바로 옆에서 지켜보면 선배들에게 보고할 사건들을 어렵지 않게 챙길 수 있었다.

밤에 지구대에 오는 사람들은 대부분 술에 취한 상태다. 난동을 부리는 경우도 많다. 경험이 적은 젊은 경찰관들은 그들을 말리느라 진땀을 흘린다. 하지만 연륜 있는 경찰관은 한마디로 상황을 정리해버린다.

"저기 다 녹화되고 있어!"

그러면 열에 아홉은, 언제 추태를 부렸냐는 듯 금세 순한 양이 되어버린다. 당시만 해도 진상 취객들은 뉴스의 단골손님이었다. 이른바 '날아 차기'를 하며 경찰서를 붕붕 떠다니는 취객부터 욕설은 물론, 한쪽에서 용변을 보는 취객까지. 민폐 취객들을 보여주고 이들과 밤새 씨름하는 지구대 경찰관들의 고충을 전하는 보도가 많았다. 지금도 유튜브 등을 통해 당시 보도를 어렵잖게 찾아볼 수 있다.

CCTV 덕분에 이런 종류의 뉴스가 많아진 데다, SNS가 발달하면서 보도 가치가 높거나 내용이 좋은, 소위 '이야기가 되는' 보도는 더 빠르게 퍼져나간다. 그러다 보니 요즘엔 지구대에 오는 사람들도 많이 조심하는 것 같다. CCTV는 지구대에 끌려온 사람들의 인권을 보호하고, 동시에 경찰관을 보호하는 방패 역할을 한다. 양쪽 모두에게 필요하다는 말이다.

그래서 지구대에는 CCTV가 촘촘하게 설치된다. '지구대엔 사각지대가 없다'는 말이 괜히 나오는 게 아니다. 역삼지구대를 제외한 강남경찰서 산하 다른 지구대에 전화를 걸어 CCTV 현황을 체크했다. 역삼지구대처럼 '깡통' CCTV를 유지하는 곳은 한 곳도 없었다.

폭행이 이어지게 되는
전체적인 스토리가 이어집니다

불리할 때 메시지가 아니라 메신저를 공격하는 방법은 아주 고전적인 수법이다. 메신저를 물어뜯으면 상처 입은 메신저는 입을 닫거나 숨어버린다. 본질은 자취를 감추고, 대중의 관심도 곧 멀어지고 만다. 악랄하고 치졸한 방법이지만, 효과는 확실하다.

2018년 12월 21일. 우리가 김상교의 글을 보고 쪽지로 연락한 그날, 서울 강남경찰서에 고소장 두 개가 제출됐다. 김상교에게 성추행을 당했다는 여성 두 명이 나타난 것이다.

버닝썬에서의 집단폭행 사건과 경찰의 이해 안 되는 대응. 그리고 경찰의 독직폭행 의혹까지 제기한 뉴스가 2019년 1월 28일과 29일 연이어 나갔다. 강남경찰서는 1월 30일에 출입 기자들을 대상으로 브리핑을 열었다. 명목은 MBC가 제기한 버닝썬 폭행 사건과 경찰의 독직폭행 의혹에 대한 해명이었다. 브리핑 내용은 그동안 경찰이 우리에게 설명했던 것과 거의 같았다.

①클럽의 업무를 방해한 김상교를 현행범으로 체포했다.

②순찰차, 지구대에서 폭행 같은 건 없었다.

③김상교가 맞았다고 주장하는 순간의 블랙박스 영상이 없는 건, 순찰차 시동을 켜고 50초 동안 작동되지 않는 블랙박스 기기 특성 때문이다.

④지구대 CCTV도 단선된 상태라 추가로 공개할 수 있는 CCTV 영상은 없다.

⑤지구대로 출동한 119가 자체적으로 김상교의 상태를 판단해서 돌아간 것일 뿐, 경찰이 돌려보낸 게 아니다.

그리고 하나 더. ⑥김상교에 대한 성추행 피해 신고가 접수됐다. 성추행 의혹이 공식적으로 제기된 것이다. 경찰은 브리핑에서 송진원이 김상교의 성추행을 제지하는 과정에서 폭력을 행사했다고 설명했다. 송진원의 폭행을 정당화하려는 것처럼 보였다. 경찰의 브리핑 기록을 다시 찾아봤다.

"송 씨가 클럽 보안요원과 김상교를 지켜보고 있었고, 보안요원을 통해 무전도 들어서 제지하려는데 (김상교가) 거기서 좀 반항적인 행동이 있었고, 그런 과정에 끌고 나와 뉴스에 나왔던 폭행이 이어지게 되는 전체적인 스토리가 이어집니다."

아무도 몰랐던 그곳의 진실

그래도 보도해야 한다

경찰이 브리핑을 한 그날도 나는 리포트를 준비하고 있었기 때문에, 현장에 다녀온 후배에게 녹음 파일을 받아 브리핑 내용을 들었다. 2년도 더 지난 일이지만, 아직도 당시에 경찰이 했던 말들이 머릿속을 울린다. 바로 이 부분이다.

'폭행이 이어지게 되는 전체적인 스토리가 이어집니다.'

김상교가 성추행을 하지 않았다면 송진원에게 폭행을 당하지도 않았을 것이고, 지구대로 끌려올 일도 없었으며, 독직폭행 의혹도 생기지 않았을 것이라는 의미다. 이 내용을 함축적으로 담고 있는 문장이었다. 결국 모든 원인을 김상교와 그의 성추행 의혹으로 몰고 가려는 의도로 읽혔다.

우리는 취재 과정에서 김상교가 성추행 의혹을 받고 있다는 내용, 그리고 그 고소인이 누구인지까지 확인했다. 성추행 의혹 때문에 고민이 있긴 했지만, 결론은 '그래도 보도해야 한다'는 것이었다. 성추행이 있었다 하더라도, 우리가 보는 이 사건의 본질인 ①피해자와 가해자를 뒤바꾼 경찰의 대응, ②다친 김상교를 방치한 인권 문제, ③경찰의 독직폭행 의혹과는 관련이 없었기 때문이다.

경찰은 김상교의 성추행 혐의에 대한 고소장 접수 경위와 피해 상황을 친절하게 브리핑했다. 이례적인 일이었다. 성폭력 범죄에 대한 경찰의 대응과 언론의 취재는 다른 사건을 다룰 때와 많이 다르다. 경찰 브리핑에서 피해자가 특정될 수 있는 작은 단서라도 유출되면 피해자의 신분이 노출되고, 2차 피해로 이어질 수 있다. 이 때문에 경찰도 성폭력 사건에 대한 취재에 일절 응하지 않고, 기자들도 더 캐내려고 하지 않는다. 그런데 당시 사안만큼은 강남경찰서가 자세히 얘기를 해준 것이다. 브리핑을 받아 적은 문서 10페이지 중 3페이지가 성추행 관련 내용이었다. 경찰 입장에서는 우리의 문제 제기가 반갑지 않았을 것이다. 하지만 수사기관이 개인의 성추행 의혹을 알리는 데 브리핑의 30%를 할애해야 했을까?

한 방 먹은 기분이었다. 이날 김상교 성추행 의혹은 블랙홀처럼 모든 이슈를 빨아들였다. 우리가 생각했던 것과 다른 방향으로 뉴스가 흘러갔다. 성추행 고소인이 누군지 밝혀지기 전까지는.

김상교는 경찰을 때리지 않았다

2019년 1월 29일. 지능적인 대응을 한 것은 경찰뿐만이 아니었다. 한 인터넷 언론사가 우리가 첫 기사를 보도한 다음 날 '김상교, 경찰 폭행 영상 입수'라는 제목으로 기사를 올렸다. '[단독]' 표시도 달았다. 기사 내용은 이렇다.

'버닝썬에서 보안요원과 클럽 이사로부터 폭행을 당했다고 호소한 김상교 씨의 주장과 다른 내용을 담은 CCTV 영상을 단독 입수했다. 영상에서 김 씨는 술에 취한 듯 출동한 경찰의 얼굴 부위에 손을 던졌다. 이어 뺨을 때리고 목덜미를 잡고 넘어뜨리는 등 비정상적인 모습을 연출했다.'

결국 이 기사에서 하려는 말은 김상교가 폭행 피해자인 줄 알았는데, 사실은 경찰을 폭행한 가해자라는 얘기였다. 그러면서 자신들이 단독으로 입수했다며 영상까지 공개했다. 2019년 1월 10일, 송진원이 나를 버닝썬으로 불러 보여줬던, 0.2배속으로 돌려보기 전까지는 '보도를 포기해야 하나' 생각하게 만들었던 바로 그 영상이었다. 이건 버닝썬이 가지고 있던 영상이니, 아마 해당 언론사에 버닝썬이 직접 제공했을 것이다.

송진원에게 서운한 마음이 들었다. 일면식은 없지만 수십 차례 통화하며 어느 정도 소통이 이뤄졌다 생각했는데 착각이었나보다. 분명히 '느리게 보면 다른 게 보일 것'이라고 일러줬는데도 그 영상을 고스란히 언론에 제공했으니 말이다.

네티즌들 반응은 엇갈렸다. 김상교가 타인에 의해 뒤로 넘어가면서 반사적으로 경찰관을 잡은 것이라며 폭행이 아니라는 주장과 일부러 경찰을 잡아 넘어뜨린 것이라는 주장이 팽팽하게 갈렸다.

우리는 다음 날 이 영상을 0.2배속으로 재생해서 김상교의 폭행은 없었다고 보도했다. 이 영상을 '단독' 보도했던 언론사는 기사 내용은 그대로 둔 채 얼른 영상만 삭제했다. 그리고 그날 경찰도 김상교가 경찰을 폭행하지는 않았다는 공식 입장을 밝혔다.

광역수사대를 투입합니다

2019년 1월 28일
붙잡고 '집단폭행'했는데 … "맞은 사람이 '가해자'"
갈비뼈 부러져 숨 겨우 쉬는데 … 양팔 '뒤로 수갑'

2019년 1월 29일
"경찰에게도 맞았다" 주장 … CCTV 확인하려 했더니

이틀 동안 〈MBC 뉴스데스크〉를 통해 보도된 기사 제목이다. 시청자와 네티즌들은 분노했다. 기사에는 1만 개가 넘는 댓글이 달렸다. 수많은 언론사가 버닝썬 관련 기사들을 쏟아내기 시작했다. 버닝썬과 승리는 포털사이트 실시간 검색에 상위권에서 도무지 내려오지를 않았다. 이 사건을 제대로 수사해야 한다는 국민청원에는 순식간에 20만 명 이상이 동의했다. 정치권도 엄정한 수사를 촉구하고 나섰다.

사실 이런 반응은 우리도 전혀 상상하지 못했다. 심지어 함께 취재를 하던 박윤수 선배는 첫날 보도를 마친 다음 날 곧바로 가족들과 겨울 휴가를 떠났다. 후배를 혼자 전쟁터에 남겨두고, 그것도 괌으로 말이다. "기사 빨리 털고 휴가 가야지"라고 말하던, 피곤에 '쩔어있던' 박 선배 모습이 아직도 눈에 선하다.

네티즌들의 무시무시한 반응에 경찰은 움직일 수밖에 없었다. 하지만 고민이 있었다. 바로 '누가 수사 주체가 될 것인지'에 관한 것이었다. 강남경찰서 관할 지역에서 발생한 사건인 만큼, 일반적인 상황이라면 강남경찰서가 수사를 담당했을 것이다. 그런데 여론은 강남경찰서를 수사 주체가 아닌, 수사를 받아야 할 대상으로 인식했다.

경찰도 여론을 의식하지 않을 수 없었다. 검찰 수사가 필요하다는 말들이 나오기 시작했다. 검경 수사권 조정 이슈로 예민하던 시기였다. 사건이 검찰로 넘어가면 경찰에 불리한 내용이 연이어 드러날지도 모른다. 경찰 입장에서는 부담이 될 수밖에 없었을 것이다.

2019년 1월 30일. 서울지방경찰청(현 서울경찰청)은 결단을 내렸다. 일선 경찰서 서장급인 총경급 10여 명으로 구성된 합동조사단을 꾸려 경찰의 독직폭행 의혹과 초동조치 미흡 문제에 대해 조사하고, 광역수사대(현 강력범죄수사대)를 투입해 클럽 내 성폭행과 마약 등에 대해 조사하게 했다. 광역수사대는 서울경찰청 직속 전문 수사기관으로, 일선 경찰서 한 곳에서 담당하기 어렵고, 사회적 관심도가 높은 사건에 대한 수사를 맡는다.* 영화 〈베테랑〉에서 배우 황정민이 광역수사대 소속 형사 역할을 맡기도 했다. 결국 서울경찰청은 사건의 시발점이 된 김상교 폭행 사건과 성추행 사건만 강남경찰서에 남기고, 이외 모든 사건을 광역수사대로 넘겨버렸다. 그리고 이후 강남경찰서는 버닝썬과의 유착 의혹까지 불거져, 폭행 수사권마저 광역수사대에 뺏기는 치욕을 겪었다.

---

* 올해 서울경찰청이 조직을 확대 개편하면서 광역수사대 이름은 사라지고, 신설된 강력범죄수사대 등 4개 전문 수사기관이 광역수사대의 역할을 대신하게 되었다.

아무도 몰랐던 그곳의 진실

한국 경찰은 굉장히 꼼꼼했어요

2018년 12월 14일 금요일 밤. 20대 여성 소영(가명)은 서울 강남의 한 클럽 사장 임윤종(가명)에게 연락을 받았다.

"버닝썬 갈래? 데리러 갈게."

평소 알고 지내던 임윤종의 제안, 그리고 친한 동생 보영(가명)의 합류. 그렇게 평범할 것 같던 그날 밤 버닝썬은 그녀에게 악몽이 됐다.

임윤종의 차를 타고 청담동 칵테일 바를 찾은 세 사람은 그곳에서 만나기로 약속했던 다른 남녀 5명과 합류했고, 자정쯤 10분 거리에 있는 버닝썬으로 자리를 옮겼다. 테이블에는 비싸기로 유명한 샴페인인 '돔페리뇽'이 세팅되어 있었다. 탄산이 들어간 술을 좋아하지 않는 소영은 자리에 앉아 노래나 들으려고 했다. 그런데 일행 중 한 명이 그녀에게 말을 걸어왔다. 남성은 '켄'(가명)이라는 이름의 태국인으로, 태국에서 요식 기업을 운영한다고 자신을 소개했다. 비즈니스 미팅 때문에 한국에 왔다고 했다.

켄은 그녀에게 자신의 인스타그램을 보여주며 태국의 맛집을 소개해 줬다. 별로 관심 없다는 티를 냈지만, 그는 '비행기 표를 사주겠다'며 치근덕거렸다. 외모도 좋아하는 스타일이 아닌 데다 짧은 영어로는 대화조차 쉽지 않았다. 그냥 무시하고 싶었지만, 켄은 포기하지 않았다.

샴페인을 싫어한다고 하자, 켄은 위스키를 제안했다. 물병에 담아온 위스키를 조그마한 플라스틱 잔에 따라줬다. 소주잔보다도 작은 컵에 담긴 위스키였다. 소영은 거부감 없이 목을 축였다. 켄은 수분 섭취가 필요하다면서 물도 자주 권했다. 소영은 물과 술을 번갈아 조금씩 마셨다. 3잔쯤 마셨을 때, 켄은 자신이 오늘 오후 태국으로 돌아간다고 했다. 그러면서 "넌 오늘 날 즐겁게 해줘야 해"라고 말했다. 소영은 자리를 뜨고 싶었지만, 몸이 말을 듣지 않았다. 그리고 기억이 끊어졌다.

소영이 눈을 뜬 곳은 침대 위였다. 하의는 벗겨져 있었고, 켄은 소영의 몸 위에 올라가 옴짝달싹 못하게 목을 잡고 있었다. 소영은 움직이지 못했고 점점 숨이 막혔다. 소영은 구토가 나왔다. 침대 옆에 있던 휴지통을 끌어와서 구토를 했다. 피까지 한 움큼 토해냈다.

켄은 침착하라면서 소영에게 다시 물을 건넸다. 기억이 정확하진 않았지만, 아까 버닝썬에서 건넸던 그 물병에 담긴 물처럼 보였다. 소영은 왠지 그걸 다시 마시면 안 될 것 같은 느낌을 강하게 받았다. 그래서 목마름을 참았다. 이대로 있다가 죽을 수도 있겠다는 생각이 머릿속을 스쳐 지나갔다. 무릎을 꿇고 빌었다. 엄마가 너무 보고 싶다고, 살려 달라고 애원했다.

켄은 알겠다고 했다. 그러면서 "대신 사진을 찍자"고 했다. 대체 이

아무도 몰랐던 그곳의 진실

게 무슨 소리지? 켄은 소영의 팔목을 잡아 자신 쪽으로 끌어당겼다. 살려면 그가 하자는 대로 해야겠다고 생각했다. 사진을 찍었다. 수치스러웠다. 그래서 소영은 얼굴을 가렸다. 하지만 켄의 요구는 집요했다. 손바닥을 치우고 웃으라고 강요했다. "스마일, 스마일"을 반복했다.

웃으면서 사진을 찍어야 집에 보내준다는 말에 소영은 켄의 요구를 들어줄 수밖에 없었다. 그가 또 폭력을 사용할까 봐 무서웠다. 그렇게 몇 장의 사진을 찍었을까. 소영은 도망치듯 호텔방을 빠져나와 무작정 큰길을 향해 뛰었다. 그리고 택시를 잡아탔다. 내릴 때가 돼서야 입고 있었던 패딩은 물론, 휴대전화와 신용카드까지 없다는 사실을 알게 됐다.

친구가 집으로 와서 소영을 깨웠다. 얼굴이 왜 그러냐고 물었다. 소영은 일어나 자신의 얼굴을 봤다. 얼굴과 목 곳곳에 멍이 들어있었다. 드문드문 나는 기억에는 그 태국인이 있었다. 하염없이 눈물이 흘렀다. 친구는 112에 신고를 했다. 경찰관들은 소영을 성폭력 피해자에게 치료와 심리상담 등을 지원하는 해바라기센터로 안내했다.

소영의 목과 가슴에서는 전치 3주의 폭행 흔적들이 발견됐다. 강제적인 성관계에서 나타나는 음부 열상도 확인됐다. 소영이 그날 마신 술은 버닝썬에 가기 전 1차 술자리에서 위스키 한잔, 그리고 버닝썬에서 태국인 켄이 건넨 위스키 3~4잔이 전부였다. 평소 소주 4병까지도 거뜬했던 그녀였다. 이 정도 술에 기억을 잃었다는 건 이해하기 어려웠다.

약물이 의심되느냐는 경찰의 질문에 그렇다고 대답했다. 약물이 아니면 이렇게 될 수 없다는 확신이 들었다. 같은 시각, 경찰이 켄의 호텔방을 덮쳤을 때, 그는 태연하게 잠을 자고 있었다. 경찰은 현장에서 켄을 체포했다.

이 사건은 2018년 12월 14일 금요일에서 15일 토요일로 넘어가는 새벽에 실제로 벌어진 일이다. 성폭행 혐의를 받는 남성은 태국의 유명 요식 기업 CEO. 맛집 리뷰를 SNS에 꾸준히 게시하는 인스타그램 스타이기도 하다. 그런 그가 한국에서 성폭행 혐의로 체포됐다. 체포 시점은 출국 당일 아침이었다.

결론부터 말하자면, 켄은 경찰 조사를 받고 다음 날 태국으로 돌아갔다. 성폭행 피의자로 현장에서 체포된 자가 곧바로 풀려나 출국한 것이다. 켄은 훗날 태국의 한 방송에 출연해 한국 경찰에 대해서 이렇게 말했다.

"한국 경찰들이 굉장히 세부적이라고 느낀 게, 제가 경찰서에 갔을 때 반나절 이상 심문하면서 제 진술과 증거들을 그 여자의 진술과 비교해보더라고요. (…) 무력을 사용했는지를 보고, 강제로 강간하지 않았다는 것을 확인하고…."

그러면서 한국 경찰이 자신에게 충고까지 해줬다고 했다.

"저보고 결백하니까 죄가 없으니 가라고 하더라고요. 그리고 앞으로 조심하고 이 여자에게 연락하지 말라고 했고요."

아무도 몰랐던 그곳의 진실

음성이 나왔으니까요

소영은 경찰이 켄을 풀어준 사실을 뒤늦게 알았다. 경찰은 이후에도 소영을 여러 번 불러 피해자 조사를 진행했다. 하지만 의미 없는 일이었다. 켄은 이미 한국을 떠났으니까. 소영은 경찰이 이미 결정해놓은 결과에 조사 과정을 끼워 넣는 것 같다고 생각했다. '왜 켄을 출국 금지하지 않았느냐'는 소영의 항의에 경찰이 내민 건, 소영이 켄과 찍은 사진이었다. 켄의 협박에 웃으면서 찍은 사진 한 장이 그녀의 발목을 잡았다. 무슨 일인지 약물검사에서도 '음성'이 나왔다.

난관은 더 있었다. 경찰이 보여준 호텔 CCTV다. 소영은 그 영상을 보고 믿을 수가 없었다. CCTV 속 소영은 남성의 부축 없이 걸어서 승강기에 탑승했고, 복도에서 호텔 방으로 스스로 걸어 들어갔다. 술에 취해 보일 수는 있지만, 의식은 있는 사람처럼 보였다.

하지만 소영은 당시 상황을 전혀 기억하지 못했다. 경찰은 이 영상에 대해 설명해달라고 요청했지만, 소영은 뭐라 답할 수가 없었다. 실제로 전혀 기억이 나지 않았기 때문이다. 성폭력을 당하는 순간에도 군데군데 기억이 끊어져 있었다. 정확한 진술을 할 수가 없었다.

소영은 경찰이 자신의 말을 신뢰하지 않는다는 느낌을 받았다. 경찰은 당시 버닝썬에 함께 갔던 소영의 지인을 참고인으로 불러 '소영이 혹시 가해자 켄에게 호감이 있었던 것 아니냐'고 묻기까지 했다. 소영은 직감했다. 상대의 알리바이는 철저했고, 자신의 기억은 완전하지 못하다. 게다가 켄이 이미 한국을 뜬 상태에서 경찰의 조사는 아무 의미가 없다. 그래도 포기할 수는 없었다. 자신에게 평생 상처로 남을 이 사건을 가해자가 어디선가 무용담처럼 '배설'할 것을 생각하면 구역질이 났다.

MBC가 버닝썬 사건을 보도하자, 약에 취해 성폭행을 당한 경험이 있다는 여성들의 제보가 잇따랐다. 피해를 입었다는 날짜와 시간, 장소는 제각각이었지만 한 가지 공통점이 있었다.

클럽에서 남성이 준 술 몇 잔에 정신을 잃었고, 그때부터 침대 위에서 눈을 뜨는 순간까지 기억이 나지 않았다는 것이다. 정신을 차린 이후에도 불과 몇 시간 전 기억들이 이어지지 않았다. 어떤 여성은 맨발로 8차선 도로를 가로질러 도망치는 모습이 CCTV에 찍혔는데도, 그것조차 기억하지 못했다. 피를 토할 만큼 극심한 구토도 공통점이었다. 일명 '데이트 강간 약물'로 불리는 'Gamma-Hydroxybutyrate(GHB)', 흔히 '물뽕'으로 불리는 약물의 반응과 유사했다.

여성들은 수사단계에서 좌절했다. 오히려 가해자에게 역공을 당했다. 경

129 　　　　　　　　　　　　　　　　　　　　　아무도 몰랐던 그곳의 진실

찰이 확보한 숙박업소 주변 CCTV에 찍힌 여성들의 모습은 의식을 잃은 사람처럼 보이지 않았다. 정신을 잃었다면 보통 부축을 받거나, 타인의 등에 업히겠지만 피해 여성들은 스스로 숙박업소에 걸어 들어갔고, 그 모습이 CCTV에 찍혔다. 약물검사도 받았지만 누구 하나 양성 결과가 나오지 않았다. 가해자들은 수사 초기에는 합의를 요구하다, 수사가 자신에게 유리하게 흘러가자 합의 의사를 철회했다. 여성들은 다른 목적을 가지고 남성에게 접근한 속칭 '꽃뱀' 취급을 받았다고 했고, 남성들은 하나같이 불기소 처분을 받았다.

'소영'도 다르지 않았다. 그녀와의 인터뷰 내용을 근거로 강남경찰서에 사실관계 확인을 요청했다. 궁금했던 건 첫째, 피의자인 켄을 출국 금지 없이 풀어준 이유와 둘째, 그리고 앞으로의 사건 처리 계획이었다. 담당자에게 전화했다. 성폭력 사건의 경우, 경찰은 가급적 언론 대응을 하지 않는다. 2차 피해 우려 때문이다. 하지만 이번 사건의 경우, 우리가 이미 피해자와의 인터뷰를 통해서 사건 전반에 대한 내용 파악을 한 상태였고, 질문도 피해자에 대한 것이 아닌, 경찰의 대응과 관련된 부분인 만큼, 답변을 받을 수 있었다.

경찰은 이 사건이 성폭행으로 보이지 않는다고 설명했다. 정신을 잃었다는 피해자의 주장을 믿기 어렵다는 것이다. 본인이 직접 걸어서 호텔로 들어갔고, 웃으면서 사진까지 찍었다는 점을 이유로 들었다. 혐의점이 없어 보여서 피의자를 풀어줬고, 특별한 변수가 생기지 않으면 '불기소 의견'으로 검찰에 송치할 계획이라고 했다. 소영의 몸에 난 전치 3주의 타박상과 강제 성관계에서 주로 발생하는 외음부 열상은 고려하지 않았다.

GHB에 의해 의식을 잃었을 가능성을 의심한 적 없냐는 질문에, 경찰은 '음성이 나왔기 때문에 고려할 이유가 없다'고 했다.

물뽕, GHB는 몸으로 들어간 이후 소변으로 배출되는 데까지 약 6시간 정도 걸린다고 알려져 있다. 투약 반년이 지난 후에도 체모에서 검출되는 다른 마약과 질적으로 다르다. 그래서 지난 수십 년 동안 국내에서 GHB를 유통한 마약상들이 적발됐음에도, 실제 GHB를 타인에게 사용하다 적발된 피의자는 한 명도 없었다. 음성이 나왔다고 GHB에 의한 성폭력 가능성을 배제하는 구시대적 수사기법으로는 GHB 피해를 막는 건 불가능해 보였다.

화장실에 들어갔다 나오면 이상해졌죠

버닝썬에서 유통되었으리라 의심되는 약물은 '물뽕'뿐만이 아니었다. 필로폰과 케타민 등 향정신성의약품, 즉 마약으로 분류되는 약물을 흡입하거나 투약하는 사람들을 여러 번 목격했다는 제보가 있었다. 버닝썬 고객과 고객의 지인, 호텔 직원, 버닝썬 직원들까지 제보자들은 여럿이었다. 그중 가장 신뢰할 수 있는 건 버닝썬 직원들의 목격담이었다.

스스로를 VIP라고 생각하는 사람들이 좋아하는 것은, 많은 돈을 쓴 만큼 특별 대우를 받는 것이다. 버닝썬은 이들의 마음을 잘 알고 있었다. 술값을 많이 쓰는 손님들은 테이블당 2명씩 보안요원, 일명 '가드'를 부릴 수 있었다.

버닝썬에서 가장 인기 있는 샴페인은 단연 '돔페리뇽'이었다. 가드들의 주요 임무 중 하나는 손님들이 춤추려고 자리를 비울 때, 고급지고 비싸기로 유명한 이 술을 지키는 것이었다. 고객을 화장실까지 안전하게 모셔다드리고, 혹시라도 다른 손님과 시비가 생기면 고객의 안전을 책임지는 일도 맡았다.

가드는 술자리의 시작부터 끝까지 손님과 함께했기에 손님들의 일거수일투족을 면밀하게 볼 수 있다. 그래서 이들의 제보는 상당히 믿을만했다. 그런 제보자가 여럿이라면? 버닝썬 마약 의혹을 제기할 수 있는 근거는 어느 정도 확보한 셈이었다.

2019년 1월 12일. 손님들이 마약을 주로 하는 곳으로 지목된 장소는 예상외였다. 바로 호텔 1층 장애인 화장실이었다. 클럽 내부 화장실은 다른 사람들의 이목도 있고 이용객도 많다 보니, 마음 편히 쓸 수 있는 호텔 화장실을 선호한다는 것이다.

제보를 듣고 직접 현장에 가봤다. 호텔 입구에서 왼쪽으로 돌면 가장 구석진 자리에 장애인 화장실이 있다. 성인 남성 여러 명이 들어갈 정도로 넓고, 칸마다 세면대까지 갖춰져 있다. 사람들의 출입이 뜸하고, 호텔 관리자들의 시야에서도 벗어난 곳이다.

가드들은 '손님들이 3~4명씩 우르르 화장실로 함께 들어가 오랫동안 나오지 않았고, 10~20분 뒤엔 눈이 풀리거나, 콧물을 질질 흘리면서 나왔다'고 말했다. 도무지 정상인처럼 보이지 않았다고 했다. 그럴 때마다 가드들은 서로 "쟤 약 했네" 하며 수군거렸다. 특히 '울트라 뮤직 페스티벌'

이나 '월드 디제이 페스티벌'처럼, 중국인들이 좋아하는 축제가 열릴 때면 이런 광경을 자주 목격했다고 했다.

2019년 1월 31일
"그 클럽에만 가면 정신을 잃는다"? … 뭐가 있기에

2019년 2월 1일
'1칸 3명' 호텔 화장실 … "갔다 오면 눈 풀리고 코 줄줄"

지금까지 취재한 마약 관련된 내용을 이틀에 걸쳐 보도했다. 2019년 1월 마지막 주, 김상교 폭행 사건을 시작으로 5일 동안 5개의 보도를 쏟아냈다. 모두 평소 리포트 시간을 훌쩍 넘는 5분 안팎의 보도들이었다. 예상치 못한 시청자들의 반응과 국민들의 분노에 '몸을 갈아 넣어' 취재했다. 평소 기사 방향을 논의하던 1진인 박윤수 선배도 부재중이었던 상황에서 말이다.

급하게 인터뷰가 필요하거나 경찰이 긴급 브리핑을 하는 등, '일이 터지면' 후배들의 지원사격을 받았다. 그렇게 겨우 일주일을 버텼다. 나중에 박윤수 선배에게 들은 얘기지만, 그 역시 매일 쾀에서 내 기사를 보며 마음이 불편했다고 했다.

곧 설 연휴니 잠시 가다듬을 수 있는 시간을 확보할 수 있을 것이다. 박선배도 귀국할 것이고, 이기주 선배와 남효정 기자까지 버닝썬 취재팀에 합류하기로 했으니, 이제 기자 5명이 캡의 지휘 아래 전략적으로 움직이

겠지. 이때만 해도 앞으로 한 2~3주 정도가 지나면 버닝썬 이슈가 잠잠
해질 줄 알았다. 물론 착각이었다.

버닝썬 마약 유통 의혹은 사실무근입니다

조선 시대 감찰 임무는 '대관(臺官)'이, 국왕에 대한 간쟁(諫諍) 임무는 '간관(諫官)'이 맡았다. 대관과 간관의 앞 글자를 따 만든 제도가 '대간(臺諫)'이다. 언론 역할을 맡았던 관리들로, 영화나 드라마에서 임금을 향해 "아니 되옵니다, 통촉하여 주시옵소서!"를 외치던 이들이다. 왕에게 입바른 소리를 하는 게 이들의 주요 업무이다.

왕과 대간 사이에는 불문율이 있었다. '불문언근(不問言根)'. 아무리 왕이라도 대간이 한 말의 출처를 물어보지 않다는 뜻이다. 한마디로 취재원을 캐묻지 말라는 말이다. 취재원이 누구냐고 묻는 것은 기자들 사이에서도 무례한 일이다. 같은 사안을 함께 취재하는 사이가 아니라면 그런 건 묻지 않는다. 외부에 누설하는 일도 없다.

기자들이 세상에서 벌어지는 모든 일을 알 수는 없다. 그래서 제보가 꼭 필요하다. 제보자는 자신의 인생을 걸고 제보를 한다. 비록 본인이 그렇게 생각하지 않고, 가벼운 마음으로 제보했다 하더라도, 제보 사실이 상대에게 알려지면 회복하지 못할 상처를 입을 수 있다. 기사에 제보자가 특정되지 않도록 조심하는 이유다. 우리는 그들을 보호해야 한다.

그런데 애지중지하던 제보자들이 숨기 시작했다. 한 언론사가 낸 기사의 영향이 컸다. 한창 GHB, '물뽕'을 이용한 성폭력 범죄에 대한 취재를 하던 중이었는데, 그 언론사에서 버닝썬 이민우(가명) 대표와의 인터뷰 기사를 보도했다.

이민우 대표는 인터뷰에서 버닝썬의 마약 유통 의혹은 '사실무근'이라고 주장했다. 자신을 포함해 지인 중 마약을 하는 사람은 한 명도 없고, 의혹을 제기한 버닝썬 전직 직원을 명예훼손과 허위사실 유포로 고소하겠다고 으름장을 놨다. 게다가 물뽕으로 피해를 입었다고 주장하는 여성들 또한 같은 혐의로 고소하겠다고 했다. 기사에는 그가 언제쯤 강남경찰서에 고소장을 낼 것인지까지 적혀 있었다.

해당 보도를 한 언론사는 상당히 영향력이 있는 회사였다. 제보자들이 그 기사를 못 봤을 리 없다. 제보자들이 두려움에 떨기 시작했다. 이민우 대표의 고소로 실제 경찰 조사를 받은 사람도 있었다. 일부는 지속적으로 자신의 목격담을 제보했지만, 다른 이들은 두려움 때문에 입을 닫아버렸다. 회사로 들어오던 제보의 양도 이 시기부터 눈에 띄게 줄었다.

언론사 보도로 피해를 본 사람은 어떻게 대응할까. 가장 많이 택하는 방법이 해당 언론사를 언론중재위원회에 제소하는 것이다. 중재에 실패하면 민사소송으로 가면 된다. 그런데 이민우는 언론사가 아닌,

제보자를 색출해 고소하겠다고 했다. 사실상 언론을 통해 협박성 메시지를 전달한 것이다. 이례적인 일이었다. '언제 고소를 하겠다'고 밝힌 그의 의도가 적중했는지, 제보자들이 숨기 시작했다. 우리가 큰 난관에 봉착한 것만은 분명해 보였다.

피해자와 버닝썬, 양측의 주장이 극명하게 엇갈리는 상황이었으니 이민우 대표의 입장을 듣는 것도 중요했다. 그의 말을 그대로 받아쓸 수도 있다. 물론 그건 기자의 판단이다. 하지만 제보자들을 고소하겠다는 이민우의 말까지 그대로 기사화할 필요가 있었을까? 반론권 보장이 중요하다지만, 사회적인 지탄을 받는 당사자의 말을 고스란히 보도하는 것까지 언론의 역할이라고 생각했던 걸까.

제보자들이 숨을 걸 그 기자는 예상하지 못했을까? 아니면 정말로 제보자들이 숨어서 MBC에 더 이상 제보가 들어가지 않기를 바랐던 것일까?

아무도 몰랐던 그곳의 진실

맹물이라는 검사 결과

한국에서 GHB, 이른바 '물뽕'이 처음 확인된 것은 1998년이다. 당시 광주지검 강력부 김희준 검사는 속칭 '필로폰'으로 불리는 메스암페타민을 밀매하는 사람들이 있다는 첩보를 받고, 직접 거래 당사자가 되어 매매를 시도했다. 대검찰청에서 위장거래자금, 그러니까 마약을 살 수 있는 돈을 받아 매매업자들을 만났는데, 김 검사는 현장에서 크게 당황했다. 상대방이 하얀 가루 형태의 필로폰을 작은 가방에 들고 나올 것으로 예상했는데, 생수통 2개를 들고 나온 것이다. 가격은 수천만 원. 이상했지만, 김 검사는 이들을 검거하고 구속영장을 청구했다. 그리고 국립과학수사연구원에 생수통을 주고 마약 성분을 의뢰했다.

며칠 뒤 국립과학수사연구원에서 나온 결과를 보고 김 검사는 다시 한번 당황했다. '맹물'이라는 결과가 나왔기 때문이다. 당시 한국에는 이 물질을 검사할 수 있는 기술과 장비가 없었던 것이다. 대검에서 위장거래자금까지 받아 검거하고, 영장까지 청구했는데 맹물이라니!

하지만 김 검사는 포기하지 않았다. 밀매업자들을 수사하던 도중, 이들이 생수통을 미군기지의 '타이거'라는 사람에게서 구입했다는 진술을 확보했다. 미 공군특수수사대에 요청해 '타이거'를 찾아봤지만, 끝내 찾지 못했다. 실명으로 마약을 거래하는 사람은 없으니 말이다. 다만 미군을 통해서 샀으니, 미국에서는 액체의 정체가 무엇인지 알 수 있을 것이라는 막연한 기대가 생겼다.

김 검사는 생수통을 미국 본토로 보내 감정을 의뢰했다. 우리나라는 시약을 떨어뜨려 마약 여부를 판단했지만, 미국은 원심분리기를 사용해 마약 성분 자체를 추출했기 때문에 무언가 나올 것이란 확신이 있었다. 한 달 뒤에 감정서가 도착했다. 아니나 다를까. 김 검사 추측이 맞았다. 물에 든 성분은 'Gamma-Hydroxybutyrate', GHB였다. 정신을 잃게 하면서도 강력한 성적 흥분을 동반하는 약물로, 미국 유흥업소에서 '강간 약물'로 퍼지고 있었고, 그래서 사회적 문제가 되고 있다는 내용까지 감정서에 적혀있었다.

당시 한국에서는 GHB를 마약류로 분류하지 않았다. 김 검사는 GHB를 향정신성의약품, 즉 마약류로 분류해야 한다며 법령 개정을 건의했고, 마약류로 등재시켰다. GHB는 물에 탄 히로뽕, 줄여서 '물뽕'으로 불리기 시작하더니, 곧 그 이름이 굳어져버렸다.

밀매업자들도 처벌을 받았다. 〈마약류 불법거래 방지에 관한 특례법〉에는 어떤 약물을 마약류로 인식하고 거래를 했다면, 그것이 마약류로 분

아무도 몰랐던 그곳의 진실

류되는 성분이 아니더라도 처벌할 수 있었다. 그래서 김 검사는 밀매업자들을 법정에 세울 수 있었다.

'물뽕'이 나쁜 이유가 뭔지 아세요?

매년 검찰이 발간하는 '마약류 범죄백서'에 따르면, 2019년 국내에 반입된 GHB는 2,390g이다. 70kg이 넘게 반입된 필로폰보다는 적지만, 같은 향정신성의약품으로 분류되는 엑스터시(2,623g)와 케타민(598g), LSD(27.1g) 등과 비교하면 적지 않은 양이다. GHB의 경우, 반입량이 2016년 540g에서 2018년 178g까지 줄었다가, 2019년 갑자기 2,390g으로 급증했다. 버닝썬 사건으로 GHB의 존재를 일반인들이 알게 된 2019년, 13배 넘게 증가한 것이다. 우리 뉴스로 갑자기 GHB에 대한 관심과 수요가 급증한 걸까? 아니면 평소 GHB에 관심이 없었던 수사당국이 눈에 불을 켜고 찾아낸 결과일까?

2021년 4월, 경찰이 서울 강남의 호텔 한 곳을 덮쳤다. 국내 마약 유통계의 거물로 손꼽히는 남성이 머물고 있다는 첩보를 입수했기 때문이다. 그의 객실과 차량에서 GHB 150g, 즉 2천 명에게 사용할 수 있는 양이 발견됐다. 남성은 강남의 여러 클럽에 오랫동안 마약을 공급해온 것으로 조사됐다.

물뽕을 이용한 성범죄가 의심되는 사건을 취재하다, 피해자 아버지를 인터뷰할 일이 있었다. 그는 자신이 직접 구매한 물뽕을 들고 나와 '이렇게 쉽게 마약을 구할 수 있는 게 말이 되느냐'고 하소연했다. 누구든지 쉽게 접근할 수 있을 만큼 GHB가 흔해진 것이다. 하지만 GHB를 여성에게 사용하다 적발된 사례는 아직 한 명도 없다.

실제 수사당국이 2006년부터 2012년까지 국립과학수사연구원에 감정 의뢰한 성범죄 의심 약물 555건 중, 물뽕으로 판명이 난 경우는 한 건도 없었다. 버닝썬을 통해 GHB를 이용한 약물 성범죄가 사회문제로 대두되자, 국립과학수사연구원이 다시 집계에 나섰다. 국립과학수사연구원 서울과학수사연구소에 의뢰된 성범죄 약물 감정 건수만 해도 2015년 462건에서 2018년 861건으로 2배로 늘었다. 이 4년 동안 GHB는 15건이 적발됐는데, 피해자의 소변이나 혈액에서 검출된 게 아니라 모두 압수품에서 나온 것들이었다. 이는 피해자가 경찰에 달려가 피해 사실을 알리더라도, 마약 검사를 통해 자신이 약물 성범죄를 당했다고 입증하는 것은 불가능하다는 뜻이다. 경찰이 피의자를 샅샅이 뒤져 GHB를 찾아내야, 겨우 혐의를 입증할 수 있다는 의미이기도 하다.

취재 과정에서 알게 된 전직 마약 유통업자 A에게 전화를 걸어서 GHB에 대해 물었다. 그는 필로폰과 비교하면 GHB는 수월하게 구할 수 있다고 했다. 수사당국의 감시가 적기 때문이라고도 했다. 다만 인터넷에서 구하는 약의 절반 정도는 가짜이며, 제값을 주고 제대로 된 곳에서 사야 한다고 조언도 해줬다. GHB를 주기적으로 공급받는 사람들은 아는 '꾼'들을 통해 국내에서 제조를 하거나, 해외에서 택배로 받는다. A에게 혹시 지금도 국내로 GHB가 들어오냐고 물어봤다. 그러자 A는 알고 지내는 해외 판매상에게 텔레그램으로 현재 거래 상황을 물어봤는데, 'GHB 수요가 여전히 꾸준하다'는 대답이 돌아왔다.

GHB는 다른 약물과 가장 큰 차이점이 있다. 바로 사용 대상이다. 대부분의 마약은 자신의 신체에 사용한다. 호기심을 풀고 흥분을 느끼고 싶은 경우가 대부분이기 때문이다. 이러한 이유로 구매자는 약을 만든 사람은 물론, 질과 사용법까지 꼼꼼하게 확인하고 구입한다. 하지만 GHB는 다르다. 타인에게 투여하는 약물이다. 다른 사람의 정신을 빼앗고, 신체를 무기력하게 만들겠다는 목적을 갖고 사용한다. 그러니까 사용자는 GHB의 품질이나 사용법 따위에는 별로 관심이 없다. 당연히 가짜도 많았다. A는 이렇게 덧붙였다.

> "히로뽕이든 젤리든 자기 몸에 하는 거잖아요. 그래서 적당한 양, 확실한 물건만 쓴단 말이에요. 그런데 물뽕은 진짜 나쁜 게, 자기가 아니라 타인한테 쓰는 거니까 그냥 막 넣죠. 그 사람이 어찌되든 말든."

GHB를 연구한 국립과학수사연구원 관계자를 수소문했다. 그는 GHB에 대해서 언급하기를 꺼려했다. 자신이 수도권에서 재직했을 땐 관련 사건도 있고, 샘플을 구하기도 수월해 연구를 진행했는데, 지방으로 발령받은 이후 관련 연구를 그만뒀다고 했다. GHB에 대한 연구를 누군가 이어갈 것으로 생각했는데, 그렇지 않았다고 했다. 그는 내게 더 이상 GHB에 깊게 접근하지 말라고 조언했다. 일반인이 GHB를 알면 악용할까 우려된다는 것이었다.

현실을 모르는 것일까, 아니면 모르는 척하는 것일까? 우리는 성폭력 피

해 여성의 아버지마저도 인터넷으로 GHB를 구할 수 있는 시대에 살고
있다. 이미 일반인도 GHB의 존재를 알고 손쉽게 구할 수 있다는 말이다.
물론 A의 말처럼 그 아버지가 구매한 GHB가 가짜일 수도 있다. 하지만
분명한 것은 GHB는 이미 유흥업계에 흔히 퍼져있고, 이것을 사용한 것
으로 추정되는 성폭력 사건들이 꾸준히 발생하고 있다는 점이다.

다음으로는 국립과학수사연구원에서 약물과 관련해 꽤 높은 자리에 있
는 연구자를 수소문해 전화를 걸었다. 내가 궁금했던 것은 GHB가 정말
자신의 행위를 기억 못하게 하는 효과가 있는지, 그리고 국립과학수사연
구원이 이 사실을 인지하고 있는지 여부였다.

"저희는 GHB에 그런 작용이 있는지는 몰랐어요. 인체에 대한 실험은 할
수가 없고, 그래서 데이터가 없어요. 저희도 실험을 해보지 않았기 때문에
정말로 그런지 사실 궁금하네요. 문헌을 찾아봐야겠죠, 이제."

"찾아보려면 얼마나 걸릴까요?"

"찾아본다는 게 시간이 많이 걸리는 작업이에요. 외국 문헌 다 찾아야
되고요."

"그런데 국립과학수사연구원도 GHB에 대해서 잘 모르면, 일선 경찰들
은 당연히 모르지 않을까요? 연구해서 공유할 필요가 있지 않을까요?"

"경찰들도 수사하는 분들인데, GHB에 대한 책을 보고, 지침이 있지 않
을까요? 저희는 경찰하고 별개 기관이니까요, 공유하는 건 아니고요."

그렇게 허무한 통화가 끝났다. GHB가 국내에서 처음으로 확인된 건
1998년이니까 이미 20년이 지났다. 그동안 무수히 많은 피해자가 나왔는
데 여태 달라진 게 없었다. 증거가 없다고, 잘 모르겠다고 20년을 방치한

아무도 몰랐던 그곳의 진실

수사기관의 논리를 깨려면 GHB에 대해 잘 아는 전문가가 필요했다.

나중에 안 사실이지만, MBC가 2019년 1월 28일 버닝썬 폭행 사건을 처음 보도한 다음 날, 강남 일대 클럽에서 일하는 MD들이 그들끼리 정보를 공유하는 단체 대화방에 '당분간 GHB 판매를 중단한다'는 글을 긴급 공지했다고 한다. GHB를 유통했던 그들도 그동안 해왔던 일이 잘못된 행동이었다는 것쯤은, 스스로도 알았던 모양이다.

네가 부도덕했잖아

2018년 5월. 피해자의 기억은 이렇다. 은경(가명)은 친구 두 명과 강남의 한 클럽을 찾았다. 신나게 놀고 있을 때쯤, 남성 두 명과 중국인 여성 한 명으로 이루어진 일행과 술을 마시게 됐다. 남성 두 명은 자신들을 캐나다 유학생이라고 소개했다. 중국인 여성은 이미 만취해 있었고, 유학생 남성 두 명 중 한 명은 그런 그녀와 스킨십에 여념이 없었다. 자연스럽게 남은 유학생 남성은 은경에게 보드카를 권유했고, 곧 함께 술을 마시기 시작했다. 평소 소주 두 병 정도를 마실 수 있었기에, 남성이 주는 술을 거부하지 않았다. 남성은 작은 플라스틱 잔에 보드카 두 잔을 주면서, 그녀에게 수시로 물을 권했다. 그렇게 두세 잔의 술과 여러 잔의 물을 받아서 마셨는데, 갑자기 몸이 이상하다는 느낌이 들었다. 은경은 급히 친구들에게 메시지를 보냈다.

'나 몸이 좀 안 좋아서 집에 가야 할 것 같아.'

문자를 보내고 난 뒤, 그녀는 기억을 잃었다.

아무도 몰랐던 그곳의 진실

"술을 마시면 취기가 점점 올라오잖아요. 그런데 그날은 갑자기 확 퓨즈가 나가듯이, 그냥 백지화되는 것 같았어요. 술에 취한다는 느낌이 아니고, 기억이 툭 끊기듯이 아무 생각이 안 났죠."

일어나 보니 호텔 침대 위였다. 욕실에서 물소리가 들렸다. 상황 파악이 완전히 되지는 않았지만, 도망쳐야 한다는 건 분명했다. 샤워를 마친 남성은 밖으로 나와 정신없이 물건을 챙기고 있는 은경을 발견했다. 어떻게든 밖으로 나가려는 은경과 이를 말리려는 남성. 이 과정에서 은경은 몸 곳곳에 타박상을 입었다. 신발도 신지 못한 채 호텔을 뛰쳐나와 무작정 달렸다. 목적지는 생각할 수도 없었다. 살아야겠다는 생각뿐이었다. 한참을 달리다 보니 아파트 경비실이 보였다. 그녀는 경비실 창문을 두드리며 경찰에 신고를 해달라고 애원했다. 그리고 다시 의식을 잃었다. 여기까지가 그날 은경의 기억이다.

다음은 피해자의 지인이 들려준 이야기다. 은경의 친구 B씨는 무슨 일이 생기면 연락하라는 말을 남기고, 무대로 내려갔다. 그런데 잠시 후 그녀의 휴대전화에 진동이 울렸다. 은경에게 온 메시지였다. 하지만 B씨는 이걸 바로 확인하지 못했고, 뒤늦게 메시지를 보고 곧장 은경이 있던 테이블로 올라갔지만 은경은 이미 자리를 뜬 상태였다.

마지막으로 CCTV가 보여준 이야기는 이렇다. 은경은 락커에 맡긴 소지품도 찾지 않은 채로 사라졌다. 락커를 열 때 필요한 밴드도 반납하지 않았다. 남성은 클럽에서 약 2~3분 거리에 있는 모텔로 은경을 데리고 갔다. CCTV엔 남성과 은경이 함께 걸어가는 모습이 찍혀 있었고, 어색해 보이지 않았다. 남성이 숙박업소에서 결제를 했고, 둘은 방으로 들어갔다. 은경의 표현을 빌리자면, 모텔 CCTV에 찍힌 자신은 '실실' 웃고 있었다고 한다.

잠시 뒤, 은경은 방 밖으로 뛰쳐나왔다. 복도와 계단을 오르내리며 난동을 부렸다. 바닥에 드러눕기도 하고, 지나가던 중국인 남성과 시비가 붙기도 했다. 도저히 제정신이라고 생각할 수 없는 행동이었다. 은경은 한동안 그런 행동들을 반복하다, 모텔을 뛰쳐나갔다. 새벽 3시경이었다. 그리고 무작정 뛰기 시작했다. 맨발로 8차선 도로를 건넜고, 몇 차례 넘어져 구르기도 했다. 그리고 동틀 무렵, 모텔에서 약 2km 떨어진 경비실에서 발견됐다. 은경을 발견한 경비원은 취재진에게 당시 은경의 상황을 이렇게 설명했다.

"단지 술에 취했다고 보기는 느낌이 좀 그랬어요. 그분(경찰)들이 오셔서 보니까 약물 의심이 간다고…"

가장 두려웠던 건 기억의 부재였다. 자신이 무슨 일을 했는지, 무슨 일을 당했는지 전혀 기억나지 않았다. 모텔에서 난동을 피운 것은 물론, 아파트 경비실로 도망친 것도 CCTV를 보고서야 알았다고 했다.

그녀가 거짓말을 한 게 아닐까 의심해봤다. 하지만 그럴만한 이유를 찾지 못했다. 경찰은 '정신 잃을 정도로 취한 상태는 아닌 것으로 보였다'는 모텔 관계자의 증언에 무게를 뒀다. 은경은 경찰이 하는 질문 대부분에 대해 "잘 기억이 나지 않습니다"라고 대답할 수밖에 없었고, 같은 대답을 반복할수록 경찰의 눈빛은 서서히 싸늘하게 변해갔다.

약물 검사도 역시나 '음성'이었다. 수사 초기에 끊임없이 합의를 시도했던 캐나다 유학생은 이후 은경의 부도덕성을 강조하기 시작했다.

아무도 몰랐던 그곳의 진실

은경은 이 상황에서 자신의 탓을 할 수밖에 없었다고 했다. 왜 클럽에 갔을까. 왜 그곳에서 남성과 술을 마셨을까. 난 왜 기억을 못할까. 모든 게 자신의 잘못처럼 느껴졌고, 이후 계속 정신과 치료와 함께 우울증 약을 복용해야 했다. 그러는 동안 경찰은 불기소 의견으로 사건을 검찰에 넘겼고, 결국 검찰도 이 사건을 재판에 넘기지 않았다. 그렇게 끝이 났다.

치매 환자의 상태와 비슷해요

우리는 약물에 대해 명확하게 설명해 줄 전문가가 필요했다. 마약 퇴치 관련 사회단체들과 여러 약학 교수들을 통해 관련 전문가를 찾았다. 성균관대학교 장춘곤 약학과 교수였다. 장춘곤 교수는 GHB를 복용한 상태를 치매 환자의 상태에 비유했다. 겉보기에 행동은 멀쩡하지만 자신이 한 행동들을 기억할 수 없다는 것이다. 장 교수는 '의식의 소실'과 '기억의 상실'을 구분해야 한다고 했다.

성폭력 피해자들은 주로 자신이 '의식을 잃었다'라는 표현을 사용했다. 이 말을 들으면 무언가에 취한 피해자들이 혼자 걷지 못하거나, 또는 누군가에게 업혀서 숙박업소로 들어가는 모습이 떠오른다. 수사기관도 마찬가지였다.

장춘곤 교수의 설명은 달랐다. 중추신경을 억제하는 GHB의 특성상 약을 투약하면 '기억의 상실'이 먼저 오고, 시간이 더 지나거나 복용량이 많아지면 다음으로 '의식의 소실'이 올 수 있다는 것이다. 쉽게 말해 피해 여성이 당시 상황을 기억하지 못한다고 해서 움직이지 못했다고 단정할 수는 없다는 이야기였다. 피해 여성들의 주장이 근거 없는 소리는 아니라는 의미다.

장 교수의 저서 《신경정신약리학》에 따르면, GHB를 섭취한 지 15분이 지나면 온화한 쾌감, 이완, 사회적 탈억제 증상이 나타난다. 더 많은 용량의 GHB는 혼수, 운동실조, 어눌한 말투, 어지럼증, 오심, 구토 증상을 일으킬 수 있다. 과용량 복용 시 호흡을 억제하고 사용자가 의식을 잃거나 혼수상태에 이르게 할 수도 있다.

이런 특성 때문에 GHB는 '강간 약물'로 사용됐고, 미국에서는 2000년대 초반부터 사회적 이슈가 되어 여러 연구가 이뤄졌다. 2001년 미국 로스앤젤레스 부근에서 GHB를 사용한 42명을 대상으로 한 조사에 따르면 GHB를 사용하고 행복감과 성적 경험의 강화, 그리고 의식 상실 등을 경험했다고 한다.[*]

장 교수는 GHB는 소변으로 쉽게 배출되기 때문에 현재 검사 기준이나 기법으로는 잡아내는 것이 불가능하다고 말했다. 체내에 흡수된 GHB의 반감기는 짧으면 30분, 길어야 한 시간을 넘지 않고, 시간이 갈수록 인체에서 검출될 확률은 떨어진다. 체내의 GHB를 검출할 수 있는 시간에 대해서는 교수들마다 의견이 조금씩 달랐지만, 종합해보면 6시간 이후부

---

[*] 장춘곤, 《신경정신약리학》, 신일서적, 2014, pp.460~462

터 점차 가능성이 희박해지고, 12시간을 넘어가면 불가능해진다.

장 교수는 미국이면 몰라도 국내에선 GHB에 대한 연구가 거의 없다고 했다. 그리고 그 결과가 대한민국 사회에 심각한 성범죄 문제로 나타났다. 1998년 국내에서 처음 확인된 GHB는 2001년에 마약류로 등재됐지만, 수사기관은 20년째 GHB 범죄, 정확히 말하면 'GHB 사용 의심 범죄'에 대해 손을 놔버렸다.

2019년 2월 12일
"네 발로 걸었잖아" … 성폭행보다 억울한 '무검출' 마약
"증거 없다" 20년 손 놓았더니 … "곳곳 데이트 폭행"

GHB에 대한 연이은 보도에 경찰도 성폭력 사건에 대한 대응이 조금 달라졌다. 은경 씨 사건은 이미 검찰에서도 불기소 처분이 난 상황이기 때문에 되돌리긴 어려웠다. 다만, 태국인 성폭력 사건의 피해자였던 소영 씨의 사건은 달랐다. 당초 검찰에 불기소 의견으로 송치하겠다는 입장을 표명했던 경찰은, 다시 수사를 하겠다는 쪽으로 방향을 틀었다.

문제는 피의자가 한국에 없다는 것이었다. 경찰은 태국에 있는 남성에게 한국으로 돌아와 조사를 받으라고 통보했지만, 그가 응할 리 없었다. 결국 피의자에 대한 수사를 제대로 하지 못한 경찰은 기소 중지 의견으로 사건을 검찰에 송치할 수밖에 없었다.

기소 중지는 수사를 일시적으로 중지하는 것이다. 죄가 없기 때문이 아니라, 잡아서 조사할, 또는 잡아넣을 피의자가 없기 때문에 내려지는 처

아무도 몰랐던 그곳의 진실

분이다. 태국인 남성이 한국에 없는 상태에서 수개월 동안 피해 여성만 불러 조사한 경찰은 자신들이 내놓은 결과물에 대해 이렇게 얘기했다.

"사업을 하는 사람이니, 언젠가 돌아올 겁니다. 그때 잡아 수사하면 돼요."

수사가 처음부터 잘못되었음을 사실상 인정한 셈이다. 출국금지라도 해 뒀다면 켄은 한국에 머물면서 수사를 받았을 것이고, 기소되어 죗값을 치렀을지도 모른다.

그녀의 존재를 아십니까?

그녀가 알약을 건넸다

앞서 언급했듯이, 버닝썬의 가드들은 VIP 고객들이 화장실에 다녀온 후 눈이 풀리거나 콧물을 흘리는 모습을 종종 목격했다고 말했다. 이들의 목격담이 사실이라면, 중국인들은 어떻게 한국에서 마약을 구할 수 있었을까? 본국에서 돈 꽤나 쓰면서 어깨에 힘주는 사람들이 위험을 무릅쓰고 한국에 마약을 가지고 오지는 않았을 테니 말이다.

과거 마약을 복용하고, 또 유통했던 A씨를 통해 알게 된 사실인데, 마약을 자주 하는 사람들은 절대로 출처가 불분명한 약을 사용하지 않는다. 마약은 성분과 배합에 따라 그 효과와 안전성이 천차만별이다. 효과는 둘째치더라도, 안전성 때문에 반드시 신뢰하는 유통책을 통해 구매한다. 중국인 VIP들에게 마약을 공급해주는 사람이 있다는 얘기였다. 누굴까.

2019년 2월 11일. 중국에서 오랜 기간 모델 일을 했던 정은(가명) 씨를 인터뷰했다. 정은 씨는 일을 하면서 친해진 중국인 친구들이 한국으로 놀러 올 때면 항상 어울리곤 했다. 주로 클럽에 갔는데, 이들이 정은 씨 말고 꼭 부르는 여성이 있었다. 성격 좋고 예쁜 데다, 한국말도 잘하는 그 여성과 정은 씨도 자연스럽게 친해졌다.

정은 씨는 클럽에만 가면 중국인 친구들이 이상해진다고 느꼈다. 평소 수줍음 많던 친구가 광기 어린 모습으로 음악에 맞춰 춤을 추고, 아주 작은 자극에도 쉽게 흥분했기 때문이다. 아무리 술에 취했다지만 분명 평소와 다른 모습이었다. 이 모든 게 친구들이 부른 '그녀' 때문이라는 것을 알게 되기까지는 그리 긴 시간이 걸리지 않았다.

2018년 10월의 어느 날. 정은 씨는 이날도 중국인 친구들과 버닝썬에 갔다. 어김없이 그녀가 있었다. 서로 안면을 튼 지도 꽤 됐고, 친구들끼리 친해서 그랬는지, 그녀는 주머니에 손을 넣더니 흰색 알약을한 알 꺼냈다.

"이게 뭐야?"

"K. 그냥 물이랑 마시면 돼. 그러면 훨씬 더 재미있게 놀 수 있어."

그녀는 마치 두통약을 주듯 아무렇지 않게 알약을 권했다. 그날, 정은 씨는 함께 버닝썬에 간 친구들이 그동안 마약을 먹었다는 것을 알았다. 그녀에게 K를 받은 친구들은 모두 광란의 밤을 보냈다.

케타민은 1960년대 미국에서 개발된 후, 강한 진통 효과 때문에 동물용 진정제 등으로 사용됐다. 원래 주사용 용액이지만, 마약 거래자들은 약물을 코로 흡입할 수 있도록 용액을 증발시켜 분말 또는 알약의 형태로 판매한다. 이렇게 변환된 약물은 'K' 또는 '스페셜K'라고 불리는데, 보관이 쉬워 클럽 등에서 유통됐다. 당시에 받은 K를 중국 친구들이 자주 먹냐는 질문에, 정은 씨는 '자신이 알고 있는 중국에서 넘어오는 친구 중 70% 이상은 다 약물을 하는 거 같다'고 말했다. 워낙 티가 나지 않는 약이라 테이블에 앉아있다가 먹기도 하고, 조심하는 친구들은 약을 먹기 위해 화장실에 다녀온다고도 전했다.

정은 씨는 20대 초중반의 어린 친구들이 약에 무분별하게 노출되어 있다고 했다. 다들 형편이 좋은 친구들이기 때문에 버닝썬을 방문하는 것이나 약을 구하는 것 모두 어렵지 않다고 했다. '그녀'를 통해 약을 구했기 때문에 다른 버닝썬 MD들과 접촉할 필요가 없어 약 하는 것을 들킬 위험이 적다고도 했다.

정은 씨에게 K를 권한 그녀는 바로 버닝썬에서 에이스 MD로 통하던 20대 중국인 여성, '애나'였다. 정은 씨는 애나가 약을 공급해주는 건 한국에서 클럽 문화를 즐기는 중국인들의 공공연한 비밀이라고 했다. 한국을 좋아하는 중국인 커뮤니티가 크지 않아서 한 명이 약을 받기 시작하면, 친구들이 모를 수가 없다는 것이다. 아래는 당시 인터뷰 중 일부를 발췌한 내용이다.

Q. "애나는 어떻게 알게 됐어요?"

A. "그 친구가 중국에 있는 부자 친구들을 많이 알아요. 보통 중국

인 친구들이 한국에 오면 저한테 같이 놀자고 연락을 했고, 그때마다 클럽에 가면 항상 애나가 있었어요. 어느 날은 그냥 알약 같은 것을 주면서 '한번 해볼래?' 하고 권한 적이 있어요."

Q. "뭐라고 하던가요?"

A. "그냥 물이랑 먹으라고 하더라고요. 그러면 훨씬 더 재밌게 놀수 있다고 그랬어요."

Q. "주변 중국인들은 많이 했어요? 반응은 어때요?"

A. "대부분 다 했어요. 중국에서 오는 친구들 70% 이상은 다 하는거 같아요. 특히 20대 초반 어린 친구들. 반응은 그냥, 알약을 먹으면 애들이 좀 많이 흥분해요. 별로 안 신나는 음악에도 광기어리게 춤추고, 미세한 자극도 크게 받아들이고."

Q. "애나가 버닝썬에서 약 주는 걸, 다른 중국인들도 다 아나요?"

A. "다 알죠."

Q. "어떻게요?"

A. "왜냐면 한국이 좋아서 오는 중국인들은 한정되어 있고, 그들끼리 커뮤니티가 형성되어 있어요. 그래서 한 명이 그걸(알약)을 받기 시작하면 다른 중국인들도 다 아는 거죠. 걔네는 한국에 올때면 언제 입국하는지, 누가 약을 공급해 줄 수 있는지 서로 공유하거든요."

Q. "조금 더 자세하게 말해줄 수 있나요? '너도 해볼래?' 했던 그 상황을?"

A. "음…. 처음 중국인 친구들끼리 뭘 주고받더라고요. 그래서 제가

'그게 뭐야?' 하니까 처음에는 애나가 '아무것도 아니야' 하고 넘어가더니, 조금 친해지고 나서 '너네는 맨날 뭘 그렇게 하는 거야?'하고 물어보니까, 애나가 '이거 너도 한번 해볼래? 기분 되게 좋아져' 하면서 주려고 했었죠."

사실 애나의 존재는 이 인터뷰 전부터 알고 있었다. 그녀의 이름을 들은 건 2019년 1월 2일, 버닝썬 가드들을 처음으로 인터뷰했던 날이었다. 가드들은 버닝썬에서 마약 유통을 담당하는 '애나'를 언급했다. 중국 VIP 고객 대부분이 그녀의 고객일 정도로, 버닝썬에서 그녀의 위상은 공고했다.

애나는 서울 시내 한 대학교 연극학과에 외국인 전형으로 입학했다. 버닝썬이 개업한 2018년에 학교를 졸업했는데, 그녀를 기억하는 사람은 없었다. 그녀에게는 2018년 9월 버닝썬 등에서 총 세 차례 엑스터시와 케타민 등을 투약하다 적발된 전과가 있었다. 엑스터시 2번, 케타민 1번이었다. 하지만 애나는 실형을 피했다. 검찰은 그녀가 범행을 순순히 인정했다는 이유로 기소 유예 처분을 내렸다. 이후 애나는 법무부로부터 추방 명령을 받기도 했는데, 이 또한 명령을 취소해달라는 행정소송을 제기해 승소했다. 그녀가 2019년까지 버닝썬에서 버젓이 손님을 끌어모을 수 있었던 이유다. 우리나라 법은 가끔씩 누군가에게 지나치게 관대하다.

고수장이 날아들었다

우리가 버닝썬 폭행 사건을 처음 보도한 날짜는 2019년 1월 28일이다. 단순 폭행 사건으로 시작한 기사는 경찰의 인권 유린 의혹으로 번졌고, 경찰이 피해자를 폭행한 것 아니냐는 의혹으로까지 커졌다. 경찰은 1월 30일 긴급 브리핑을 열었고, 이 자리에서 사건이 벌어진 계기에 대해 집중적으로 설명했다. 그 계기는 바로, 김상교가 고소됐다는 것이었다. 성추행 혐의로 말이다.

2018년 12월 21일. 성추행 피해자들이 김상교에 대한 고소장을 경찰에 접수한 날이다. 성추행 시점은 2018년 11월 24일. 바로 김상교가 송진원 이사에게 폭행당한 날이다. 대개 성폭력 범죄는 사건 발생과 신고 사이의 기간이 그리 길지 않다. 그런데 이번 건은 한 달 가까이 차이가 났다. 역시나 이 부분에 대한 기자들의 질문이 쏟아졌다. 경찰은 고소 시점이 늦은 이유에 대해 이렇게 설명했다.

> "김상교는 그날 여성들에 대한 성추행 장면을 목격하고, 여성들을 보호하려다가 끌려 나가 폭행을 당했다고 주장하는데, 피해자들은 김상교 씨가 거짓말을 한다고 해요. 김상교 씨가 자신들을 보호한 게 아니라, 추행했다는 게 피해자 주장의 요지입니다. 나중에 김상교 씨의 주장을 알게 됐고, 한 달 동안 고민하다 고소를 했다고 합니다."

경찰 발표 며칠 뒤, 고소인 2명 중 1명이 클럽 직원이 아니냐는 의혹이 제기됐다. 강남경찰서는 '두 명 모두 클럽 직원이 아니다'라고 못을 박았다. 아래는 당시 피해 여성 중 한 명이 실제로 강남경찰서에 낸 고소장의 내용이다. '고수장'이라고 표기되어 있는데, 한글을 적는 것에 익숙하지 않은 고소인이 잘못 쓴 걸로 보인다.

고수장

고소인: 개인정보 삭제 처리

주소: 개인정보 삭제 처리

연락처: 개인정보 삭제 처리

피고소인: 흰색 후드티에 검정색 잠바 착용.

　　　　　현재 형사과에서 조사 중.

상기 본인은 2018.11.25. 05:00경 서울 강남구에 있는 버닝썬 클럽 6번 테이블 인근에서 불상의 남성이 뒤에서 접근하여 가슴을 허락 없이 만진 사실이 있어 고소하오니 처벌해주시기 바랍니다.

18.12.21

'고소장'이든 '고수장'이든 중요하지 않다. 중요한 건 내용이다. 피해 여성이 적은 피해 시점은 '2018년 11월 25일'이다. 경찰의 설명대로라면 피해 여성은 꽤 오랜 시간 동안 고민을 거쳐 고소를 결심했을 것이다. 오랫동안 고민을 하고 고소장을 작성하는 사람은 보통 신중하게 내용을 쓸 것이다. 그런데 피해 시점이 틀렸다. 피해 여성이 피해를 주장하는 시점은 송진원이 김상교를 폭행한 '2018년 11월 24일 새벽'이었다.

이 '고수장'을 제출한 사람이 다름 아닌 애나였다. 애나는 김상교를 폭행한 송진원의 영업팀 동료이기도 했다. 강남경찰서는 고소인 중 클럽 직원이 없다고 밝혔지만, 사실이 아니었다. 제대로 파악하지 못했던 것이다. 우리는 이 사실을 이미 알고 있었지만 굳이 경찰의 주장을 문제 삼지 않았다. 두 가지 이유 때문이었다.

첫째, 우리가 당시 상황이 담긴 CCTV를 본 것도, 그녀의 주장을 들어본 것도 아니기 때문이다. 만에 하나 애나가 성추행 피해자일 가능성을 배제할 수 없었다. 피해 날짜를 잘못 기억했다고, 고소 시점이 너무 늦었다고, 폭행 가해자인 송진원과 가까운 사이라는 이유로 실제 있었을지도 모르는 피해가 사라지는 것은 아니다. 그녀가 진짜 성추행 피해자라면 말이다.

둘째, 경찰의 그릇된 대응과 독직폭행 의혹이 사건의 핵심이라고 생각했던 우리 입장에서는 김상교의 성추행 사건에 사회적 관심이 쏠리는 상황이 탐탁지 않았다. 그런데 고소인 2명 중 1명이 클럽 직원이란 것까지 밝혀지면, 언론은 이 부분에 집중할 것이다. 본질이 흐려질 수밖에 없다고 우려했다. 하지만 이것 역시 착각이었다.

약 2주 뒤, 서울지방경찰청 광역수사대는 애나가 성추행 고소인이라는 사실을 밝혔다. 그러자 김상교 성추행에 대한 여론의 관심들이 신기루처럼 단번에 사라졌다. 기자들은 마약과 성폭행 문제, 경찰의 독직폭행 의혹 같은 사건의 본질을 취재하는 데 집중하기 시작했다. 반대로 강남경찰서는 계속 성추행 사건에 몰입하며 다른 피해자들을 찾으려고 애썼다.

아무도 몰랐던 그곳의 진실

칵테일 한 잔에 의식을 잃은 MD

2018년 7월 7일 새벽. 버닝썬 MD 우현(가명) 씨는 영업이 끝나갈 무렵 테이블을 돌며 손님들과 술을 한 잔씩 마시고 있었다. 테이블 위에 남아있는 칵테일을 한 모금 마시고 다른 테이블로 옮겼는데, 몸에 경련과 떨림이 밀려왔다. 생전 처음 겪은 일에 우현 씨는 당황할 수밖에 없었다. 발작은 점점 더 심해졌다. 누군가 119에 신고했다. 아직 클럽이 운영되고 있던 상황. 직원 3명이 우현 씨를 밖으로 옮기기 위해 몸을 잡았지만, 갈수록 격렬해지는 경련에 포기할 수밖에 없었다. 직원들이 더 투입된 후에야 겨우 가능했다.

제보자는 누군가 물뽕을 넣은 칵테일을 제조해놨고, 우현 씨가 그걸 실수로 마신 것 같다고 말했다. 합리적인 의심이었다. 32살의 건장한 남성이 칵테일 한 잔을 마시고 온몸에 경련을 일으키며 쓰러졌다. 약이 아니라면 도대체 무엇으로 이 상황을 설명할 수 있을까?

취재를 위해 당시 환자의 상태를 적은 '구급활동일지'를 입수했다. 일지에 따르면, 서초소방서에 새벽 5시 1분에 신고가 접수됐고 구급대원들은 5시 2분에 출동했다. 그리고 약 3km 떨어진 버닝썬에 6분 만에 도착해 환자 상태를 확인했다. 우현 씨는 중독 증상과 의식장애를 겪었다. 동공엔 심하게 경련이 일어났고, 몸부림도 심해 구급대원들이 몸 상태를 살피는 것도 불가능했다. '준 응급'에 해당하는 상황이었다.

구급대원이 일지에 남긴 소견에 따르면, 현장에 있던 사람들은 "우현 씨가 의식장애를 겪기 전에 '누군가 약을 탄 것 같다'고 호소했고, 이후 몸부림을 치며 이상행동을 보여 신고했다"고 했다. 인근 대학병원으로 이송된 우현 씨는 11시간 동안 못 깨어났다. 구급대원들은 강남경찰서에도 이 사실을 알렸다. 그럼 이 사건은 어떻게 처리됐을까.

이 사건을 접하고 버닝썬 내 GHB의 존재를 확인할 수 있겠다는 확신이 들었다. GHB가 체내에서 빠져나가는 시간은 약 6시간 뒤부터다. 피해 후 신고를 하고 약물검사를 받기까지 시간이 상당히 걸리다 보니, 약물을 검출할 수 있는 골든 타임을 놓치는 경우가 대부분이다. 그런데 이 사건에서는 우현 씨가 약을 탄 것으로 추정되는 칵테일을 마시고 곧장 발작을 일으켜 병원으로 옮겨진 만큼, 체내에 약물 성분이 남아있을 가능성이 높았다.

하지만 이 사건은 '미제편철' 처리됐다. 그냥 종결됐다는 소리다. 어떻게 된 것일까? 경찰은 "당시 중독 증상을 보이는 우현 씨를 상대로 대학병원에서 소변검사를 했더니 '필로폰' 양성 반응이 나왔다"고 설명했다. 담

아무도 몰랐던 그곳의 진실

당 의사도 '약물 복용으로 추정된다'고 소견서를 제출했다. 그리고 나흘 뒤 우현 씨가 경찰에 출석해 소변과 모발을 임의 제출했는데, 국립과학수사연구원 정밀검사에서 '음성' 판정이 나왔다고 했다. 석연치 않았지만, 이 사건에 대해 더 밝혀낼 방법이 없었다.

신논현역에서 3분 거리에 위치한 특급호텔. 서울 강남 한복판, 수많은 사람과 돈이 몰리는 장소. 그만큼 시민들의 안전을 지키기 위한 행정력이 대한민국 어느 곳보다 집중되는 곳이다. 그런데 여기서 폭행 사건의 가해자와 피해자가 뒤바뀌고, 성폭력 신고가 잇따르고, 마약까지 공공연하게 유통된다고 한다. 호텔에서 일하는 직원들마저 마약이 의심된다고 증언하는데, 경찰이 이런 사실을 과연 몰랐을까? 도무지 납득하기 어려웠다.

처음 버닝썬 폭행 사건을 취재할 때, 여러 언론사에서 경찰과 클럽 간에 '무언가 있을 것이다'라고 보도할 때만 하더라도, '에이 설마'하는 생각이 컸다. 하지만 취재를 하면서 깊숙이 사건들을 들여다보고, 버닝썬과 관계된 취재 내용을 조각조각 모아보니 '설마가 아닐 수 있겠다'는 생각이 싹 트기 시작했다.

수십억 버는 클럽서 마약 유통했겠나?

스스로 잘 썼다고 생각했던 글도 며칠 뒤에 다시 보면 고칠 부분이 수두룩하게 나오는 것처럼, 한번 남긴 기록을 이따금 다시 들춰볼 때면 처음에 발견하지 못했던 중요한 내용을 발견하곤 한다. 그리고 그 내용을 차분히 조합해 다시 보면서, 막힌 취재의 돌파구를 찾을 때도 있다.

그래서 중요 인사들은 청문회나 법정, 브리핑을 통해 공식 발언을 할 때 신중해야 한다. 정제되어 있어야 하고, 어물쩍 넘기려는 태도도 지양해야 한다. 속기사와 기자들은 그들의 말을 모두 기록으로 남긴다. 몇 년이 지나도 과거 발언들이 조명 받는 경우가 많다.

2019년 2월 13일. 경찰은 '셀프수사'라는 비판 여론이 꽤나 신경 쓰이는 듯, 이날 브리핑 서두에 이런 말을 했다.

아무도 몰랐던 그곳의 진실

"요즘 세상에 경찰이 그렇게 엉터리로 수사하진 않죠. 더군다나 여러분들도 아시다시피 수사권 조정이 목전에 와있는데 저희가 엉터리로 수사해서 그 물을 흐릴 이유도 없는 것이고…."

이 말을 듣고 '서울지방경찰청은 현실을 정확하게 인식하고 있구나. 수사에 대한 의지가 있어 보인다. 크게 걱정하지 않아도 되겠다'라고 생각했다. 하지만 곧 그렇지 않다는 걸 깨달았다. 이날 브리핑에 대한 소감을 설명하기가 어렵다. 브리핑을 담당했던 고위직 경찰의 표현 방식은 기자들에게 '과연 경찰이 제대로 수사를 하는 것일까?'라는 의문을 품게 만들기 충분했다. 적절한 단어를 찾기 어려워 그날 기자들의 질문과 경찰의 대답을 몇 개 옮겨 보자면 다음과 같다.

Q. "중국인(애나) 여성의 혐의는 확인됐나요?"

A. "어떤 혐의?"

Q. "버닝썬 대표 소환은 결정할 건가요?"

A. "어떤 내용으로요?"

Q. "마약·성폭력 등 의혹이 클럽 운영진과 연결되어 있는지 보려면 경찰의 의지가 중요하지 않나요?"

A. "클럽 운영진과 관련되어 있다는 의혹은 왜 제기하는 건가요?"

기자들의 질문이 황당하다는 듯 반문하는 어법. 기자단 브리핑은 사적인 대화를 나누는 자리가 아니다. 경찰이 막중한 책임 의식을 갖고 수사 의지를 밝히겠다고 마련한 자리에서 저런 답변을 한다는 것은 이해하기 어려웠다. 특히 '클럽 운영진과 관련돼 있다는 의혹은 왜 제기하느냐'는 답변은 당시 현장에 있던 여러 기자를 당황하게 만들었다. 물론 그런 종류의 반문은 다음 질문을 멈추게 하는 데 탁월한 효과를 발휘했다.

아직 놀라긴 이르다. '최우선으로 수사하고 있는 것이 무엇이냐'는 기자 질문에, 경찰은 '클럽과 경찰의 유착 부분'에 가장 역점을 두고 있다고 말했다. 그러면서 "마약과 GHB에 대해서 모 언론사에서 계속 확대 보도를 해서 큰 관심을 받고 있지만, 사실상 오래전부터 있었던 내용이고, 경찰이 일상적으로 수사를 해오던 것이다"라고 덧붙였다.

여기서 말하는 모 언론사는 경찰의 브리핑 전날에도 GHB 피해 보도를 이어갔던 MBC를 말한다. 정말 일상적으로 수사하고 있었을까? 그런데 이 지경이 되도록 그냥 뒀단 말인가. 이윽고 경찰은 아주 큰 한 방을 시원하게 내뱉었다.

　

"기자분들이 '클럽 측에서 조직적으로 마약을 유통했느냐' 그 부분에 관심 가지고 계실 거 같은데⋯. 여러분, 생각해보세요. 몇십억씩 돈 버는 클럽에서 마약을 유통하겠습니까. 상식적으로!"

　

이 발언은 여러 언론사 뉴스를 통해 일파만파 퍼졌고, 경찰의 셀프

조사에 대한 여론은 더 악화되었다. 한 달 뒤 국회 행정안전위원회 회의에 출석한 민갑룡 경찰청장에게 국회의원들이 해당 발언을 문제 삼으며 질책하자, 민 청장은 부하직원의 발언을 사과했다.

취재를 할 때도 '에이, 그럴 리 없어'라고 생각하면 그 취재는 금세 막혀버린다. 가능성을 닫아버리는 순간, 생각의 흐름도 함께 닫힌다. 이런 상황에서는 아무리 결정적인 단서가 내 앞에 있어도 놓치기 십상이다. 수사도 마찬가지다. 경찰은 항상 '모든 가능성을 열어놓고 수사하겠다'고 말한다. 수사도 취재와 큰 맥락은 다르지 않을 것이다.

그들은 하이에나처럼 접근했다

2019년 2월 13일

'VIP 고객' 잡겠다며 … 직원들이 '조직적' 성범죄

경찰이 브리핑을 통해 '몇십억 버는 클럽에서 마약을 유통하겠습니까'라고 밝힌 그날, 남효정 기자가 보도한 기사의 제목이다. 버닝썬은 2018년 2월에 문을 열었다. 특급호텔에 입주한 데다 유명 연예인 승리를 활용한 마케팅까지. 여느 클럽들과는 다른 면모를 자랑했지만, 버닝썬보다 더 유명한 클럽이 하나 있었다. 바로 '강남의 절대 지존' 아레나였다. 바지사장만 수십명에 달했다. 실소유주로 알려진 건 강남 유흥계의 황제라 불리는 강 회장이었다. 그의 탈세 혐의 금액만 162억 원에 달했다. 매출이 아니라, 탈세 혐의 금액이 이 정도다. 그만큼 탈세하려면 돈을 얼마나 벌어

아무도 몰랐던 그곳의 진실

야 하는지 가늠이 되지 않는다. 신생 클럽 버닝썬은 아레나가 오랜 시간 공고하게 쌓아올린 명성에 도전하는 입장이었다.

클럽 MD는 손님을 유치하면 떨어지는 수당으로 먹고산다. 가장 쉬운 방법은 아레나를 찾는 손님들의 발길을 버닝썬으로 돌리는 것이다. MD들은 버닝썬이 오픈한 뒤 2~3달 동안, 좀처럼 손님이 늘지 않아서 힘들었다고 했다. 그래서 더 치열하게 영업했다. 그리고 생계를 위해 그들 중 몇몇은 선을 넘어버렸다.

손님들의 증언에 따르면, MD들은 하룻밤 수천만 원씩 쓰는 VIP들에게 목요일 밤부터 연락을 돌렸다. 금요일에 예약된 여성 손님들을 연결해준다는 게 메시지의 주요 내용이다. 물론 단순한 '부킹'이 아니었다. MD들은 VIP에게 여성들과 성관계를 맺게 해줄 수 있다고 자신했다. 거기엔 '여성의 동의'는 빠져있었다. 밥벌이를 위해 그들은 GHB를 사용했다.

MD들은 GHB를 술에 넣는 행위를 '작업'이라고 표현했다. 그리고 실제 작업한 여성들의 나체와 얼굴 사진을 VIP에게 보내 유인했다. 한 손님은 MD가 이렇게 여성들을 작업해주면 100만 원에서 150만 원의 팁을 주었다고 증언했다. VIP들은 자신들이 원하는 조건을 충족시켜 줄수록, 그리고 여성의 나이가 어릴수록 많은 팁을 줬다.

중국인 VIP들의 작업 요청도 많이 들어왔다고 했다. 어느 MD는 하룻밤 '작업'으로 1천만 원을 받았다고 했다. 버닝썬을 찾은 중국인 남성 4명에게 '작업한' 여성 3명을 넘긴 건데, 여성들은 모두 20살이었다.

분노가 치밀었다. MD들은 여성에게 GHB를 얼마나 사용해야 하는지, 투약 후 언제 몸에서 반응이 나타나는지를 제대로 알고 있었다. 이건 그들이 매번 동일한 효과를 낼 수 있는 GHB를 누군가로부터 꾸준히 공급받고 있다는 의미이기도 하다. 전문적인 공급책이 없다면 애초에 MD들의 작업은 불가능하다. 손님들의 진술에 따르면, 실제로 이들의 작업은 치밀하게 이뤄졌다. GHB를 탄 술을 먹인 여성의 움직임이 이상해질 때까지 기다렸다가, 서서히 하이에나처럼 접근했다.

> "MD들은 하도 작업을 많이 하다 보니까, 클럽에서 여성을 주시하다 보면 슬슬 약 기운이 도는 걸 알 수 있다고 하더라고요. 그래서 제가 물어봤거든요, '야, 약 기운이 언제 돌고 그런 걸 어떻게 아냐?' 그랬더니, 춤추는 걸 보면 눈치를 챌 수 있었다고 했어요. 그러면 그때 부축을 하고 귓속말로 얘기를 하는 식으로 작업을 했다고 하더라고요."

그리고 MD들은 여성이 완전히 의식을 잃기 전에 함께 호텔로 걸어서 올라갔다. 그들이 이동하는 동선엔 CCTV가 있었다. 여성이 자신의 발로 호텔방에 걸어 들어가는 것이 CCTV에 명확히 찍혔다. MD들은 이 CCTV를 자신들의 알리바이로 사용했다.

우리가 손님들의 증언이나 제보 사진, 영상을 여과 없이 보도할 수는 없었다. 그래서 우리가 확보한 제보 내용을 빠짐없이 경찰에 보내 수사 요청을 했다. 이날 인터뷰에서도 어김없이 '애나'의 이름이 거론됐다. 손님들도 마약 유통의 파이프라인으로 그녀를 지목한 것이다. 이렇게 이곳저곳에서 거론되는 애나에 대해 경찰은 과연 어떤 수사를 했을까.

걸어다니는 시한폭탄

2018년 12월 21일. 애나가 제 발로 강남경찰서를 찾아갔다. 김상교 씨를 성추행 혐의로 고소하던 날이다. 당시만 해도 강남경찰서에서는 버닝썬에서 만난 태국인에게 성폭행을 당한 소영 씨에 대한 조사가 이뤄지고 있었다. 그리고 같은 해 7월 7일엔 버닝썬 MD 우현 씨가 약에 탄 것으로 추정된 술을 마셨다가 경찰 조사를 받은 적도 있었다.

애나는 불과 3개월 전, 버닝썬과 다른 클럽 등에서 세 차례 마약을 하다 적발된 전적도 있었다. 하지만 강남경찰서는 그녀가 고소장을 제출하고 고소인 조사를 받았을 때 그녀의 정체를 알아채지 못했다. 애나는 강남경찰서를 나선 후, 종적을 감췄다.

2019년 2월 1일. 우리가 버닝썬에서 마약 투약 사건의 공급책으로 애나를 처음 언급한 날이다. 이후 우리는 애나와 관계된 제보들을 추려 본격적으로 마약 문제를 다루기 시작했다. 그리고 애나를 추적했다. 이때부터는 마약에 대한 수사를 담당한 광역수사대도 애나 찾기에 혈안이었다. 하지만 도대체 어디로 숨었는지, 광역수사대도 애나의 신병 확보에 애를 먹었다. 문제는 경찰만 애나를 쫓는 게 아니라는 점이다. 버닝썬에서 애나와 접촉했던 손님들, 애나를 통해 버닝썬을 출입했던 중국인 손님들, 그리고 애나와 함께 약을 했다는 사람들도 모두 애나를 찾고 있었다.

박윤수 선배가 이틀 동안, 오전부터 저녁까지 애나의 집 앞에서 '뻗치기'를 했다. 그 집 바로 앞에 있는 커피숍에서 계속 그녀의 집 출입구만 쳐

다봤다고 한다. 그러다 1~2시간마다 문을 두드리기도 하고, 문에 귀를 대보기도 했지만 인기척은 없었다고 했다. 그런데도 전기는 계속 사용하고 있는지, 계량기는 멈추지 않고 돌고 있었다. 이미 지인의 집으로 피신했던 것일까, 아니면 집 안에서 죽은 듯이 숨어있었던 것일까.

2019년 2월 1일
'1칸 3명' 호텔 화장실 … "갔다오면 눈 풀리고 코 줄줄"

전직 마약 유통업자였던 A씨는 우리가 지난 2월 1일 〈MBC 뉴스데스크〉를 통해 보도했던 이 뉴스 이후 애나가 자신의 '위챗' 계정에 올라가 있는 모든 사진을 내렸다고 했다. 자신도 애나가 걱정돼서 애나에게 연락했는데, 열흘 만에 '힘들다. 모두가 나한테 어디에 있냐고 물어본다. 도와달라'는 내용의 답장이 왔다고 했다.

> "애나는 지금 걸어 다니는 시한폭탄이 되어있는 거예요. 걔가 무슨 말을 하느냐에 따라 얼마나 많은 사람이 튀어나올지 모르고…"

애나와 엮여 있던 강남 클럽 종사자들은 단체 대화방에서 '애나에게 변호사를 붙여 진술 범위를 정해야 하니 빨리 애나를 찾자'는 글을 올렸다고 했다. 우린 애나가 경찰에 붙잡히기 전에 누군가에 의해 소리 소문 없이 사라지지 않을지 걱정했다. 이건 진심이다.

아무도 몰랐던 그곳의 진실

2019년 2월 15일. 애나는 경찰에 전화해 자진 출석 의사를 밝혔다. 그리고 다음 날 광역수사대로 출석해 조사를 받았다. 그녀는 왜 자진 출석을 결심했을까? 종적을 감춘 시간 동안 무얼 했을까? 만약 강남경찰서가 성추행 고소인 조사를 할 때 애나가 어떤 사람인지 파악했다면 어땠을까.

드러나는 마약, 문 닫은 버닝썬

애나의 출석 후 마약에 대한 경찰 수사가 급물살을 탔다. 그리고 버닝썬도 움직이기 시작했다.

2019년 2월 13일. 버닝썬은 페이스북을 통해 '개선 사항을 모아 안전하고 클린한 버닝썬을 약속드린다'며 고객 감사 이벤트를 공지하면서, 보란 듯이 영업을 이어나갈 뜻을 밝혔다.

2019년 2월 14일. 광역수사대는 체포영장을 발부받아 버닝썬 직원 조 씨를 붙잡았다. 그의 집에선 엑스터시와 케타민, 해피벌룬까지 다량의 마약이 발견됐다. 버닝썬에 대한 압수수색도 동시에 이뤄졌다.

2019년 2월 15일. 광역수사대는 하루 만에 조 씨에 대한 구속영장을 신청했고, 또 다른 직원인 애나와 수사 일정을 조율했다.

2019년 2월 16일. 광역수사대는 〈마약류 관리에 관한 법률〉 위반 피의자 신분으로 애나를 불러 조사했다. 16일 오전부터 시작된 조사는 다음 날 새벽까지, 약 14시간 동안 이어졌다. 그리고 토요일이었던 이날, 버닝썬의 한 직원은 자신의 SNS에 '오늘 버닝썬 마지막 날입니다. 마지막 날인데 다들 놀러 오세요!'라는 글을 올렸다.

2019년 2월 17일. 실제로 다음 날 버닝썬은 문을 열지 않았다. 버닝썬은 2019년 2월 3일에 공고문을 통해 '손님들에게 마약을 판매하는 행위를 절대 조장하지 않는다. 만약 경찰 조사 후 의혹이 사실이라고 판명되면 버닝썬을 폐쇄하겠다'고 했는데, 정말로 약속을 지킨 것이다.

이민우 버닝썬 대표가 이날 아침 자신의 SNS에 '내부사정으로 버닝썬 영업을 종료한다'고 한 뒤, 곧장 클럽 철거가 시작됐다. 당장 며칠 전만 해도 '안전한 버닝썬'을 만들겠다며 홍보했던 그들이다. 동네 노래방을 철거하더라도 계획부터 집행까지 일주일은 걸리는 게 보통이다. 호텔에 입주한 대형 클럽이라면 준비할 게 훨씬 많았을 텐데, 철거는 마치 무엇인가에 쫓기듯 빠르게 이루어졌다.

경찰은 사전에 철거를 알지 못했다. 사흘 전, 한 번 압수수색을 했지만, 마약 등 범죄가 연루됐을 가능성이 있는 버닝썬 내부 공간에 대한 분석 작업은 끝나지 않은 상태였다. 증거인멸 우려가 제기됐다. 경찰은 뒤늦게 버닝썬 측에 철거 중단을 요청했다. 그리고 경찰은 2월 21일 오전부터 과학수사대 등 수사관 11명을 투입해 사진과 영상, 3D 촬영 등으로 수사에 필요한 자료를 확보했다. 그러면서 '철거 공사가 진행되지 않았고, 집기류

아무도 몰랐던 그곳의 진실

만 일부 옮겨진 상태이기 때문에 현장이 훼손되진 않았다'고 주장했다. "몇십억씩 돈 버는 클럽에서 마약을 유통하겠습니까, 상식적으로!"라며 언론 브리핑에서 버닝썬을 감쌌던 경찰. 애나가 버닝썬 게이트에서 어떤 역할을 담당했는지도 모르더니, 이번엔 증거들이 도처에 남아있는 현장에 대한 철거조차 사전에 파악하지 못했다. 버닝썬은 전혀 경찰의 상식 안에서 움직이지 않았다.

2019년 3월 18일. 경찰은 약 한 달간의 마약류 집중 단속 기간 동안 클럽 등 유흥업소에서 마약 사범으로 입건한 사람이 40명이고, 버닝썬에서 마약을 투약하거나 유통한 혐의를 받는 사람이 총 14명이라고 밝혔다. 특히 버닝썬에서 MD로 일했던 3명은 구속됐다. 그동안 버닝썬 측이 클럽 내에서 마약 유통과 투약을 강력히 부인해왔지만, 결국 사실로 드러난 것이다. 버닝썬 이외의 다른 클럽에서 마약 혐의로 17명, 그리고 인터넷에서 GHB를 판매한 9명도 함께 입건됐다.

제가 돈을 전달했어요

모든 의혹을 관통하는 하나의 질문

"여러분, 안녕하십니까? 클럽 버닝썬. 저희는 지난 1월 28일, 20대 손님이 버닝썬 보안요원들에게 집단 폭행을 당했고, 출동한 경찰은 때린 사람 대신 맞은 손님만 체포했다는 최초 보도를 시작으로 버닝썬 내 성폭력, 또 마약 투약, 유통 의혹을 연이어 보도해왔습니다.

그런데 저희가 여러 의혹을 하나씩 보도할 때마다 정작 이 모든 의혹을 관통하는 하나의 질문에는 답을 하지 못했습니다. 서울 한복판에서 과연 어떻게 이런 일이 가능했나… 그리고 저희는 오늘 그동안의 추적 취재를 통해 이 질문에 답을 하려 합니다.

바로 '경찰과의 유착' 의혹입니다. 그 실마리는 작년 7월 7일 버닝썬에서 일어난, 어느 미성년자 고객의 1,800만 원짜리 술자리에서 시작합니다. 먼저 이기주 기자입니다."

2019년 2월 21일. 왕종명 선배의 〈MBC 뉴스데스크〉 앵커 멘트이다. 버닝썬 취재에서 밝혀내야 할 마지막 관문은 버닝썬과 경찰 간의 유착 의혹이었다. 보도를 이어갈 때마다 버닝썬에서 벌어진 각종 범죄에 대한 제보들이 쏟아졌다. 그때마다 든 생각은 '관계자들이 왜 제대로 처벌받지 않았을까'로 귀결됐다. 아니, '경찰은 왜 버닝썬을 제대로 수사하지 않았을까'가 조금 더 정확한 표현일 것이다.

우리는 이기주 선배의 기사를 시작으로, 남효정, 이문현, 박윤수 순으로 4개의 리포트를 보도했다. 그리고 홍의표 기자는 이날 리포트 제작에 필요한 녹취록과 자료 영상 정리 등 '손 많이 가는' 일을 도맡아 처리해주었다.

영업정지 시켜주세요!

서울 강남의 한 특급호텔. 자정이 넘은 시간임에도 불구하고 사람들이 끊임없이 호텔 로비를 오갔다. 대부분 맨정신으로는 보이지 않았다. 술에 취해 비틀거리는 사람이 있는가 하면, 어떤 이는 이상하리만큼 눈이 풀려있었다. 여느 특급호텔과 비교해 보면 어수선한 모습이었다. 호텔 직원들이 제지할 법도 하지만, 누구도 나서지 않았다.

호텔 로비와 불과 30m 정도 떨어진 곳, 붉은색 태양 간판이 달린 입구에선 시끄러운 음악이 뿜어져 나왔다. 호텔 로비를 활보하고 다니는 사람들 대부분이 이곳에서 나왔다.

시끄러운 음악, 그리고 술 취한 젊은이들이 내지르는 소음을 뚫고 사이렌 소리가 울렸다. 곧 호텔 로비 앞에 구급차가 멈춰 섰다. 그리고 건장한 남성 두 명이 구급차에서 내렸다. 호텔에 투숙한 누군가를 긴급히 이송하러 온 것일까. 들것과 의료용품을 챙겨 호텔 안으로 뛰어들지 않는 걸 보니, 그런 건 아닌 것 같았다. 대신 비장한 표정으로 누군가를 기다릴 뿐이었다. 중년의 남성과 여성이 구급차에서 내렸다. 중년 남성은 매우 초조한 듯 구석으로 가 담배를 태우기 시작했고, 단단히 화가 나 보이는 중년 여성은 음악이 흘러나오는 붉은 태양 간판의 출입구로 들어갔다. 딱 봐도 클럽 손님은 아니었다. 출입구 앞에서 아주 잠시 그녀의 출입을 제지했던 청년들도 이내 길을 터줬다.

10분쯤 지났을까. 검은색 정장을 입은 남성 두 명이, 한눈에 봐도 앳돼 보이는 남성의 겨드랑이 부분을 결박한 채 클럽을 빠져나왔다. 앳된 남성은 이 상황을 어떻게든 벗어나 보려고 고래고래 소리를 지르며 발버둥 쳤지만, 덩치 큰 남성 두 명의 손아귀를 벗어나지 못했다. 그 뒤를 중년 여성이 따라나왔다. 붉은 간판의 책임자로 보이는 남성은 중년 여성의 뒤를 쫓으며 연신 머리를 조아렸다. 하지만 중년 여성은 그에게 눈길 한 번 주지 않고 어디론가 전화를 걸었다.

"경찰서죠? 여기 클럽인데, 미성년자를 출입시켰어요. 빨리 와서 이 사람들 영업정지 시켜주세요!"

클럽 직원들은 초조하지 않을 수 없었다. 중년 여성이 전화로 경찰과 무슨 말을 하는지 귀 기울였다. 앳된 남성은 정장 입은 형들의 정신이 잠시 딴 데 팔리자, 그 틈을 놓치지 않고 호텔 방향으로 냅다 뛰

아무도 몰랐던 그곳의 진실

기 시작했다. 중년 여성은 마치 예상이라도 한 듯, 사자후를 내뿜었다.

"잡아!"

구급차 앞에서 비장한 표정으로 대기하던 남성들이 역할을 할 시간이었다. 이들은 양팔을 벌려 앳된 남성의 앞을 막아섰다. 남성을 놓쳤던 정장 차림의 남성들도 퇴로를 차단했다. 남성 5명이 눈치 싸움을 하고 있을 때, 구급차 운전석에 앉아 조용히 이 상황을 지켜보던 한 남성이 차에서 내렸다. 그의 손에 들린 건 초록색 고무호스.

호텔 로비를 지키던 직원도, 로비를 지나가던 손님들도, 중년 여성에게 머리를 조아리던 남성도 고무호스의 용도를 숨죽여 지켜봤다. 차에서 내린 남성은 익숙한 듯, 고무호스로 앳된 남성의 몸을 칭칭 감았고, 확실하게 매듭까지 지었다. 그리고 앳된 남성을 차에 실었다.

고무호스에 몸이 묶인 남성의 표정은 처량해 보였고, 그를 걱정스럽게 지켜보던 중년 남성도 담배를 끄고 차에 올랐다. '창피하니까 빨리 타라'는 남성의 독촉에 여성은 화를 다 식히지 못하고 구급차에 올랐다. 여성은 자신을 따라 나온 클럽 관계자에게 마지막 한마디를 남기고, 구급차와 함께 호텔을 빠져나갔다.

"내가 여기 문 닫게 할 테니, 그런 줄 알아요!"

미성년자의 샴페인 파티

우리가 하려는 버닝썬의 진짜 이야기는 이 사건에서부터 시작됐다.

버닝썬에서 발생한 어느 미성년자의 1,800만 원 술자리다. 김상교에 대한 폭행 사건이 발생하기 약 4개월 전의 일이다.

2018년 7월 7일. 2000년생 심성현(가명), 당시 18살이던 성현 군은 친구 3명과 새벽 1시쯤 버닝썬에 입장했다. 자신을 담당한 MD에게 술값 1,800만 원을 미리 계좌이체 해놓았기에 당당히 버닝썬에 들어갈 수 있었다. 신분증 없이 버닝썬 VIP 출입구로 자유롭게 출입할 수 있다는 '하이패스' 고객. 성현 군도 그들 중 하나였다.

국세청 자료에 따르면, 2018년 직장인 평균 월급은 세전 기준 306만 원이었다. 세금 계산은 복잡하니 건너뛰더라도 1,800만 원이면 당시 직장인들의 6개월 치 월급이다. 하룻밤 술값으로 이렇게 큰돈을 쓰는 사람들은 그에 맞는 대우를 받고 싶어 한다. 버닝썬에서 해줄 수 있는 가장 쉬운 특혜는 이들을 줄 세우지 않는 것이다. 일반인 출입구에서 줄 서서 대기하는 대신, 하이패스 고객들은 별도로 마련된 출입문으로 '폼 나게' 입장할 수 있었다. '내가 이렇게 돈을 써주는데, 모양 빠지면 되겠느냐'라는 게 VIP들의 속내고, 버닝썬은 굳이 그들의 심기를 건드리지 않았다.

앞서 언급했던 '가드'의 경호를 받는 것도 특혜라고 할 수 있다. 손님이 화장실을 갈 때는, 북적이는 클럽에서 '모세의 기적'을 일으켜 손님이 나아가는 길을 터주는 것도 가드의 주요 임무였다. 버닝썬은 돈 많이 쓰는 VIP에게 '돈 쓸 맛' 나게 하는 방법을 기가 막히게 잘 아는 곳이었다.

아무도 몰랐던 그곳의 진실

하지만 성현 군은 그 특혜를 한 시간도 즐기지 못하고 버닝썬에서 끌려 나왔다. 버닝썬을 '급습한' 그의 어머니 때문이었다. 어머니 돈을 슬쩍해서 술값을 결제했다가 딱 걸린 것이다. 어머니가 찾아오자, 술자리를 빛내주던 가드들은 성현 군을 제압해 밖으로 끌어냈고, 성현 군은 대기하고 있던 사설 구급요원들에게 고무호스로 칭칭 묶여 버닝썬을 떠나고 말았다.

미성년자인 성현 군의 출입과 어머니의 112 신고. 절대로 쉽게 끝날 일이 아니었다. 유흥업소는 미성년자 출입을 가장 두려워한다. 출입 사실이 적발되어 구청에 통보되면 곧장 영업정지 1개월 딱지가 날아들기 때문이다. 영업정지를 당하면 임대료와 그달 벌 수 있는 매출을 그대로 날리게 된다. 버닝썬의 당시 월 매출액은 24억 원이었다.

더 심각한 건, 1개월 뒤 문을 연다고 하더라도 그동안 끊겼던 손님들이 다시 오리라는 보장이 없다는 것이다. 혜성처럼 떠오르는 다른 '핫'한 클럽이 손님을 끌어모을 수도 있고, 기존 클럽들에 단골손님을 뺏길 수도 있다. 버닝썬처럼 오픈한 지 반년도 되지 않은 신생 클럽이 입는 타격은 더 클 수밖에 없다. 버닝썬은 이날 사건으로 사실상 존폐의 갈림길에 섰다.

문제는 또 있었다. 버닝썬은 18일 뒤인 7월 25일에 한 화장품 회사가 중국인 인플루언서들을 초청한 파티에 장소를 빌려주기로 대관 계약을 한 상황이었다. 영업정지 처분을 받는다면 행사도 치르지 못한다. 하지만 이미 경찰에 신고까지 들어간 상태라 영업정지는 불 보듯 뻔한 일이었다. 버닝썬은 발칵 뒤집히지 않을 수 없었다.

경기도 일산에서 찌개 전문점을 운영하는 사람이 있었다. 단체 손님에게 찌개와 술을 팔았는데, 그중 신분증이 없는 한 명의 신원을 제대로 파악하지 못한 게 화근이 됐다. 누군가의 신고로 경찰이 들이닥쳤고, 아니나 다를까 신분증이 없다고 한 사람은 미성년자로 드러났다. 이 가게의 하루 평균 매출은 30만 원이었다. 그 돈으로 임대료를 내고, 직원 월급을 주던 찌개집 사장님은 영업정지 2개월을 당했다.

하지만 한 달 매출 24억 원을 올리던 버닝썬은 2019년 2월 17일 자진 폐업을 할 때까지, 이 사건으로 영업정지 처분 따위는 받지 않았다. 미성년자 출입 사건을 무사히 넘긴 것이다. 물론 예정된 행사도 잘 마무리했다. 하루 30만 원 매출을 올리는 찌개집 사장님에게는 엄격하게 적용되는 법이, 왜 클럽에는 느슨했을까.

아무도 몰랐던 그곳의 진실

.

버닝썬이 마법을 부렸다

기소 독점주의. 우리나라는 검사만이 피의자를 기소, 즉 법정에 세울 수 있다. 검사의 수사 지휘를 받는 경찰은 기소권이 없지만, 수사를 한 결과를 바탕으로 검사에게 의견을 전달한다. 경찰이 사건을 검찰로 송치할 때 '불기소 의견'이나 '기소 의견'을 달아서 넘기면, 검사는 그 의견을 참고해 기소 여부를 결정한다. 그만큼 경찰의 초기 수사는 피의자가 재판을 받게 될지, 아닐지를 결정하는 데 중요한 역할을 한다. 경범죄로 분류되는 사건의 경우, 경찰이 불기소 의견을 올리면 검사가 다시 수사해 기소할 가능성은 매우 낮다. 처리해야 할 사건이 많아 작은 사건까지 모두 자세히 들여다볼 수 없기 때문이다.

2018년 7월 7일 버닝썬 미성년자 출입 사건의 경우, 신고가 당일 현장에서 이뤄졌을 뿐만 아니라, 신고자와 목격자들이 분명히 있었기 때문에 정상적인 수사였다면 영업정지 처분이 내려졌을 것이다. 하지만 버닝썬이 버젓이 영업을 이어간 걸로 봐선 '불기소 처분'을 받은 것이 분명했다. 과연 버닝썬은 무슨 마법을 부린 것일까?

이 사건을 접한 뒤, 그간 알고 있던 제보자들을 통해 사건의 진상을 알 만한 사람들을 수소문해 내용을 파악하려고 노력했다. 하지만 꽉 막혀버렸다. 도무지 앞으로 나아갈 방법이 보이지 않았다. 그래서 '이런 사건이 있었는데, 불기소 처분을 받았습니다. 무언가 이상합니다'라는 기사라도 쓸까 생각해봤다. 하지만 그건 수많은 의혹 제기 중 하나가 될 뿐이었다. 의미는 있겠지만, 충분하진 못했다. 그리고 무언가 손에 잡힐 듯 말 듯한 상황에서 섣불리 패를 내보이고 싶지 않았다.

그러던 중 우리는 당시 미성년자 출입 사건에 아주 깊은 관련이 있는 버닝썬 직원인 D씨를 만났고, 그를 통해 당시 상황을 보다 정확하게 이해할 수 있었다. D씨는 당시 버닝썬이 미성년자 성현 군에 대한 신분증 검사를 하지 않았다고 했다. '입구에서 시간 끄는 거 빈정 상한다'는 그들의 말에 신분증 검사할 엄두도 내지 못했다는 것이다. D씨의 증언에 따르면 미성년자 출입 사건 이후, 버닝썬 영업사장 김영석(가명)은 당시 성현 군을 손님으로 맞이한 MD 배선호(가명)를 불러 미성년자 일행과의 만남을 주선하라는 지시를 했다고 한다.

2018년 7월 10일. 사건 발생 3일 후 강남 논현동의 한 카페에서 김영석과 MD 배선호, 그리고 성현 군의 친구들 2명이 모였다. 당시 성현 군은 병원에 있어서 참석하지 못했다. 이 자리에서 김영석은 '신분증 검사를 했

아무도 몰랐던 그곳의 진실

다'고 입을 맞출 것을 제안했다. 김영석은 경찰에서 집요하게 수사하지 않을 것도 이미 알고 있는 눈치였다.

"경찰서에 출두하는 일은 아마도 없을 거야. 전화 한두 번 정도 올 건데, 만약에 오면 신분증 검사 잘했다고 얘기만 해."

자리에 나오지 못한 성현 군에게도 반드시 전하라고 했다. 당시 MD와 성현 군의 친구 2명은 그의 제안을 거부할 수 없었다. D씨에 따르면, 김영석은 혹여 일이 잘못되면 그 피해를 고스란히 청구하겠다고 이들을 협박했다.

"버닝썬 한 달만 영업정지 받아도 손해가 30억이야. 변호사 써서 너네한테 청구할 거야. 그러면 너네가 감당할 수 있어? 너네가 좋게 좋게 증언해주면 가게에서도 처리를 잘해줄게."

20대 초반의 친구들이 거부할 수 있는 수준의 것이 아니었다. 이 사건으로 담당 MD도 심적·물질적으로 큰 상처를 입었다. 성현 군이 버닝썬에 출입한 그날, 어머니에게 끌려 나가기 전에 돔페리뇽 3병의 코르크 마개를 열었는데, 이 비용을 MD 월급에서 차감하고 감봉까지 했다는 것이다. 김영석은 감봉 사유로 이렇게 말했다고 한다.

"이 사건 수습하려고 돈 많이 들었어. 연대책임이다."

D씨의 증언으로 확실해진 것이 있었다. 당시 출입한 미성년자에 대한 신분증 검사는 없었고, 버닝썬 측은 추후 경찰 조사에서 자신들이 입을 맞춰도 들통나지 않으리란 걸 확신했다는 점이다. 과연 버닝썬은 어떻게 경찰이 성현 군에게 한두 번 전화하고 부르지 않으리라는 것을 알았을까.

2019년 02월 11일. 버닝썬과 경찰의 유착 관계를 알고 있다는 사람의 제보가 들어왔다. 그동안 여러 제보가 들어왔지만, 모두 '그랬다더라' 식의 카더라거나, 구체적이지 않은 내용들이었다. 하지만 이번에는 달랐다. 경찰에게 전달할 돈을 자신이 직접 버닝썬 대표에게 받았다는 제보였다. 시점과 대상이 특정되어 있었고, 그 이유도 적혀 있었다.

읽어보니 제보 내용은 2018년 7월 7일 사건과 깊은 관련이 있었다. 평소라면 제보자와 통화를 한 후 정리한 내용을 캡에게 보고했겠지만, 이번에는 제보자와 이야기를 나누기 전에 제보 내용을 그대로 보고했다. 그만큼 중요했다는 뜻이다. 신중하게 접근하라는 지시를 받고 제보자에게 전화를 걸었다. 안 받으면 어떻게 하나 걱정했는데 다행히 전화를 받았다. 목소리가 걸걸했다. 술을 마시고 있는 것 같았다. 당장 당신이 있는 곳으로 갈 테니 만날 수 있냐고 물어보자 오늘은 어렵고, 내일은 가능하다고 했다. 내일은 GHB에 관해 오랫동안 준비한 기사를 쓰기로 한 날이었지만 어쩔 수 없었다. 뉴스데스크 제작 후에 늦게 만날 수 있냐고 물어봤더니, 시간은 상관이 없다고 했다. 밤 10시쯤 만나기로 하고 전화를 끊었다.

녹음기 없죠?

2019년 2월 12일. 리포트 제작을 마치고 포털사이트에 접속했다. 만나는 시간이 늦다 보니 새벽까지 영업하는 카페를 찾기 위해서였다. 그리고 저녁 9시쯤 제보자에게 전화를 걸었다. 약속 시간과 장소는 1시간 30분

아무도 몰랐던 그곳의 진실

뒤, 강남 논현동의 한 카페로 잡았다.

나는 약속 시간보다 한 20분 정도 일찍 도착해 출입문이 보이는 자리에 앉았다. 제법 규모가 큰 카페였는데, 그 시간에도 사람들이 북적였다. 중요한 내용을 메모할 수 있도록 수첩을 꺼내 책상에 올려놓고, 휴대폰 녹음 버튼도 눌렀다. 그가 언제 들어오든 바로 얘기할 수 있도록 준비를 마쳤다. 그런데 왠지 제보자가 상당히 치밀할 것 같다는 느낌이 들었다. 생각해 보면, 치밀하지 못한 사람이 이 정도 내용을 제보하는 건 쉽지 않을 것이다. 혹시나 녹음을 하는지 확인할 수도 있을 것 같아 따로 준비한 소형 녹음기를 켜고 휴대폰 녹음을 껐다. 갑자기 휴대폰을 보자고 할 수도 있고, 사진이나 파일 등을 주고받을 때 상대방이 녹음하는 걸 눈치챌 수 있기 때문이었다.

약속 시간에서 10분 정도 지났을 때, 제보자로 보이는 남성이 카페로 들어왔다. 목소리를 듣고 머릿속에 그렸던 외모와 유사했다. 그가 휴대전화를 꺼내 전화를 걸자 내 휴대전화가 울리기 시작했다. 두리번거리는 그에게 인사를 해 내 위치를 알렸다. 운동선수일까? 아니면 조직 생활을 하는 사람일까? 풍채가 예사롭지 않았다. 서로 인사를 나누고 자리에 앉기 전, 제보자는 갑자기 내 정장 주머니에 손을 갖다 대며 "녹음기 없죠?"라고 물었다. 처음 해보는 행동이 아닌 듯 굉장히 자연스러웠다. 다행히 녹음기는 정장 안쪽 보조 주머니에 들어있었다. 만약 녹음기를 가슴 포켓이나 외부 주머니에 넣었다면 그대로 들켰을 것이다. 식은땀이 등줄기를 타고 흘러내렸다. 제보자는 내 휴대폰도 확인한 후 입을 열었다.

가슴이 콩닥콩닥 빠르게 뛰었다. 방금 전 일 때문은 아니었다. 이 사람의 반응을 볼 때 '뭔가 제대로 된 걸 갖고 있겠구나'라는 느낌 때문이었다. 서로 통성명을 한 후 본격적인 대화를 위한 시동을 걸기 직전, 화장실에 다녀오겠다며 양해를 구했다. 녹음기의 위치를 바꾸기 위해서였다. 처음 그가 내 옷에 손을 댔을 때는 찾지 못했지만, 언제 또 돌발행동을 할지 몰랐다. 화장실로 들어가 녹음기를 속옷 안에 넣었다. 위치를 바꾸니 한결 마음이 편해졌다. 그의 이야기에 더 집중할 수 있을 것 같았다.

그의 이름은 이일호(가명). 자신을 한 화장품 회사의 '전직 실장'이라고 소개했다. 이일호가 다녔던 화장품 회사는 2018년 7월 25일, 버닝썬에서 중국인 인플루언서들을 모아 놓고 행사를 연 바로 그 회사였다. 이야기는 우리가 찾던 2018년 7월 7일 버닝썬 미성년자 출입 사건에서부터 시작됐다. 그날의 사건은 화장품 회사에게도 큰일이었다. 화장품 회사도 버닝썬에서 행사를 열지 못할 수도 있다는 연락을 받고 난리가 났었다고 한다. 버닝썬이 중국인들에게 인기가 많은 곳이었을 뿐만 아니라, 행사가 2주 정도 남은 상황에서 그만한 대관 장소를 다시 찾는 것도 쉽지 않았기 때문이다.

그때, 화장품 회사의 권경호(가명) 대표가 이 일을 해결할 수 있다며 나섰다고 했다. 권경호는 다른 사업가들과는 매우 다른 이력을 갖고 있었다. 바로 전직 경찰관, 그것도 강남경찰서 출신 인사였다. 이일호는 권경호가 문제를 해결해주는 대가로 버닝썬의 김종현(가명) 공동대표에게 2,000만 원을 받았고, 그중 230만 원을 경찰에게 전달했다고 말했다. 그 결과 미성년자 출입 사건이 종결되어 자신들이 계획했던 행사도 무사히 열 수 있었다고 덧붙였다. 그리고 이 과정에서 자신이 직접 김종현에게

아무도 몰랐던 그곳의 진실

2,000만 원을 전달받아 권경호에게 배달했다고 털어놨다. 그의 주장은 아귀가 딱 맞았다. 이걸 입증할 수 있는 증거만 있으면 된다. 이일호가 그 날 내게 보여준 증거는 아래의 세 가지였다.

①문자메시지 (강남경찰서 박철민(가명) 경위 → 권경호)

　　· 버닝썬 미성년자 출입 신고
　　· 7월 7일 02:00~03:05
　　· 사건번호: ○○○○
　　· 수사관: 박준(가명) 경위

②카카오톡 대화 화면 (권경호 → 이일호)
권경호는 버닝썬 김종현 공동대표의 얼굴과 전화번호가 표시되어 있는 카카오톡 프로필을 캡처해 이일호에게 전달했고, 아래 내용도 첨부했다.

　　'김 대표에게 가서 2,000만 원 받고, 너 300만원.'

③카카오톡 대화 화면 (이일호 — 김종현)

　　'안녕하세요, 김 대표님. 저는 이 실장입니다. 몇 시에 갈까요?'
　　'르메르디앙 호텔에서 뵙죠. 호텔 로비 6시.'

이일호의 설명에 따르면, ①은 권경호가 경찰 재직 시절 알고 지내던 강남경찰서 박철민 경위를 통해 미성년자 출입 사건을 담당하는 수사관을 확인한 것이다. ②는 권경호가 이일호에게 배달을 지시한 내용으로, 김종현에게 2,000만 원을 받아와서 300만 원은 수고비로 챙기라는 의미였다고 했다. ③은 권경호에게 지시를 받은 이일호가 김종현에게 연락해 만날 약속 시간과 장소를 잡은 내용이다. 그리고 더 결정적인 증거가 될 수 있는 음성파일이 있다고 했다. 바로 자신과 김종현의 통화 녹취 파일이다. 그러면서 어떤 내용인지 말해줬다.

> 이일호: "(권경호에게) 왜 돈을 주셨습니까?"
> 김종현: "브로커 한다고 하니까 줬죠."
> 이일호: "얼마를요?"
> 김종현: "2,000만 원."
> 이일호: "왜?"
> 김종현: "이걸 해결해준다고 하니까."
> 이일호: "그래요? 경찰한테는 230만 원밖에 안 줬다고 하던데."
> 김종현: "뭐라고요? 230만 원? 이야, 날도둑놈이네.
>   권 대표 회사 요즘 어렵습니까?"

돈을 건넨 김종현의 목소리가 들어간 녹취 파일. 더 확실한 증거인데 그 날 이일호는 '세상이 호락호락하지 않다'며 당장은 공개할 수 없다고 했다. 자기도 보험이 필요하다는 것이었다.

아무도 몰랐던 그곳의 진실

그의 은밀한 제안

이일호는 언변도 좋고 치고 빠지는 기술, 일명 '밀당'에도 능숙했다. 사회부 기자 생활을 하면서 다양한 스타일의 취재원을 겪어봤다고 자부해온 나였지만, 이 정도의 능구렁이는 만나본 적이 없었다. 이일호는 치밀하기까지 했다. ②, ③(p.190 참조) 카카오톡 대화 내용은 자신이 상대방과 주고받은 메시지이지만, ①의 문자메시지는 권경호가 강남경찰서 박철민 경위에게 직접 받은 내용으로, 권경호 또는 박철민의 휴대폰을 보지 않으면 확보할 수 없는 내용이다. ①과 같은 증거자료를 확보하기 위해 그만두고 싶은 것을 꾹 참고 몇 달간 회사를 더 다니며 증거 확보에 주력했다고 했다. 무서운 사람이었다.

이일호는 자기 회사 대표인 권경호와 얽힌 사연이 있었다. 권경호에게 수년 전 3억 원을 빌려줬는데, 아직도 돌려받지 못하고 있다고 했다. 이일호는 내게 '딜'을 제안했다. 권경호에게 '돈을 돌려주지 않으면 유착 의혹을 폭로하겠다'고 말해 4억 원을 받아, 내게 5,000만 원을 주겠다고 했다.

> "이런 딜을 해보면 어떨까 싶어요. 자, 기사를 실어줘요. 팩트는 제가 다 보여드릴게요. 사실은 사실이니까. 여기서 딱 끝내죠. 제가 받을 원금이 3억이에요. 제가 4억을 요구할게요. 대신 제가 5천을 드릴게요."

이런 사람과 잘못 엮이면 평생 꼬리표가 붙는다는 아버지의 말씀이 떠올랐다. 여지도 주면 안 된다. 단칼에 거절했다.

"전 돈 필요 없어요. 받아서도 안되고, 딱히 필요하지도 않아요. 기사만 쓰면 되니까, 팩트만 주세요"

결국 이일호의 목적은 제보를 미끼로 그동안 해결하지 못했던 채무 관계를 정산하는 것이었다. 이일호는 권경호에게 자신의 계획을 알리면 채무를 변제받을 수 있으리라고 확신했다. 이일호는 폭로를 통해 그동안 돈문제로 자신을 괴롭혀온 그들에게 복수하고 싶다고 말했지만, 과연 그게진심이었을까? 만약 폭로를 해서 사회 정의를 바로 세우겠다는 작은 소망이 정말로 그에게 있었다면 간을 보지 않고 모든 자료를 다 넘기지 않았을까. 심지어 이일호는 그날의 대화 기록도 남기지 않기 위해, 내 옷까지 뒤지며 녹음을 막으려 애썼다. 아마 속옷 안에서 열심히 제 역할을 하고 있던 녹음기가 아니었다면, 이일호의 바람대로 되었을지도 모른다.

그리고 이건 사족인데, 이일호와 만난 3개월 뒤, 경찰청에 첩보가 들어갔다. 내가 제보자에게 5,000만 원을 받기로 하고 제보자의 입맛대로 기사를 써줬다는 내용이었다. 그래서 실제로 경찰에서 내사도 진행했고, 심지어 한 언론사는 관련 기사도 내보냈다. 당시 MBC는 버닝썬 사건 수사에필요한 내용을 경찰에 넘기고 있었는데, 그 중엔 이일호와의 녹취록도있었다. 내사 단계에서 경찰은 당시 이일호의 제안을 내가 거절했다는걸 확인했고, 이후 경찰청 고위 간부가 기자간담회를 통해 이 사실을 밝혔다. 만약에 내가 녹취를 하지 않았다면, 생각만 해도 끔찍하다.

아무도 몰랐던 그곳의 진실

경찰은 조사하지 않았다

2019년 2월 20일. 나는 이날 밤 9시에 이일호를 다시 만나기로 했었다. 유착 증거자료 일체를 넘겨받기 위해서였다. 하지만 이일호는 약속 장소에 나오지 못했다. 이일호가 사용했던 전화기 두 대 모두 연락이 닿지 않았다. 왜였을까.

그는 어젯밤 매우 궁박한 상태였다. 유착 사건을 눈치챈 광역수사대가 턱밑까지 쫓아왔기 때문이다. 이일호는 약속 시간이 한참 지난 뒤 내게 카카오톡으로 음성통화를 걸었다. 광역수사대가 자신을 쫓고 있고, 그들에게 휴대폰을 뺏기지 않기 위해 다 없앴다고 했다. 그리고 자신은 사무실에 숨어서 PC로 전화를 걸었다고 했다. 통화를 종료하고 계속 메시지를 주고받았는데, 21일 새벽 6시에 완전히 대화가 끊겼다. 경찰에게 체포된 것이 분명했다.

나는 취재를 위해 이일호를 총 4번 만났다. 만날 때마다 1시간 이상 대화하는 건 기본이었다. 강남의 한 참치 식당에선 4시간 가까이 소맥을 마시며 대화를 하기도 했다. 소주와 맥주 가격이 참치 가격보다 많이 나왔던 그 날의 계산은 캡이 내어주신 카드로 했다. 그를 만날 때마다 증거자료를 넘기라고 설득했다. 하지만 그는 계속 시간을 끌었다. 매일매일 피가 말라갔다. 2월 12일 그를 처음 만난 날부터, 그와 마지막으로 연락했던 2월 21일 새벽 6시까지 제대로 눈을 붙인 적이 없었다.

이일호의 말과 행동을 바탕으로 다시 그때의 상황을 떠올려보면, 이일호는 애초에 증거자료를 넘길 마음이 없었던 것 같다. 내게 제보한 사실을 미끼로 권경호를 협박해 돈을 변제받고, 그와 끝까지 적당한 관계를 유지하는 게 이일호의 목표가 아니었을까. 만약 자신의 제보로 기사가 나가면 권경호와의 관계가 완전히 틀어질 텐데, 그러기엔 둘의 역사와 관계가 깊어 보였다.

이일호의 의도는 불순했지만, 그가 남긴 팩트는 틀리지 않았고, 충분히 보도할만한 공익적 가치가 있다는 게 당시 우리의 판단이었다. 이일호가 증언한 사실관계를 정리하면 다음과 같다.

①2018년 7월 7일. 버닝썬 미성년자 출입 사건이 발생함.

②2018년 7월 중순. 전 강남경찰서 경찰이자 현 화장품 회사 대표 권경호, 평소 알고 지내던 강남경찰서 박철민 경위에게 미성년자 출입 사건 담당 수사관이 누군지 확인을 요청함. 이후 박철민 경위는 사건 발생 시각과 사건번호, 담당 수사관 이름까지 문자 메시지로 회신함.

③2018년 8월 9일. 권경호, 카카오톡으로 이일호에게 버닝썬 김종현 공동 대표로부터 2,000만 원을 받아오라고 지시함.

④2018년 8월 9일. 이일호, 권경호 지시대로 김종현과 약속을 잡고 만나 돈을 받음.

⑤2018년 8월 13일. 강남경찰서 담당 수사관 박준, 버닝썬 미성년자 출입 사건을 증거 불충분으로 인한 '불기소 의견'으로 검찰 송치함.

이일호의 제보를 토대로 강남경찰서에 버닝썬 불기소 처분 이유를 물어 봤다. 강남경찰서의 설명은 이랬다. 당시 조사를 받은 버닝썬 영업사장 김영석이 '미성년자가 위조된 운전면허증을 제시해 우리도 속았다'라는 취지로 진술했다는 것이다. 이럴 경우, 정상적인 수사라면 성현 군을 불러 실제로 위조된 신분증을 사용했는지 확인하고, 버닝썬 측의 주장과 대조해 봐야 한다. 하지만 담당 수사관은 성현 군을 불러 조사하지 않았다. 이에 대해서 강남경찰서는 "미성년자의 어머니가 수사에 협조하지 않아서 조사하지 못했다"라고 해명했다.

그런데 버닝썬을 처벌해달라고 신고를 한 어머니가 왜 협조를 하지 않았을까? 이 말을 그대로 믿을 수 없었다. 그래서 여러 루트를 통해 당시 신고를 했던 어머니의 연락처를 확인해 전화를 걸었다. 아니나 다를까, 어머니의 설명은 달랐다. 당시 아들이 병원에 입원해 있어서 바로 경찰서에 못 간 건 사실이지만, 경찰도 두세 번 전화를 한 후에 아무런 연락이 없었다고 했다. 버닝썬 영업사장 김영석이 담당 MD와 성현 군의 친구 2명을 불러 입을 다물라며 협박했던 내용과 일치했다.

당시 성현 군은 몸이 불편하거나, 말을 하지 못하는 등 심각한 질병으로 병원에 입원했었던 것도 아니었고, 성현 군이 입원했던 병원도 강남경찰서에서 차로 1시간 안팎이면 도착할 수 있는 거리에 있었다. 수사를 하려고 마음만 먹었다면 얼마든지 성현 군에게 버닝썬 측의 주장이 맞는지 확인해볼 수 있었던 것이다. 더구나 만약 성현 군이 위조 신분증을 사용한 게 맞다면, 이건 공문서 위조 혐의로 처벌할 수 있는 사안이기 때문에 더 자세히 조사를 해야 했다. 하지만 경찰은 하지 않았고, 사건을 종결했다. 과연 우리 같은 일반인들이 경찰 조사에 응하지 않으면, 저렇게 넘어가 줄까? 아마 그러진 않을 것이다.

또한 우리는 국회의원실을 통해 2018년 한 해 동안 버닝썬에 출동한 경찰 기록을 확보했다. 그런데 문제가 되는 2018년 7월 7일 미성년자 출입 사건 관련 출동 기록은 쏙 빠져있었다. 이에 대해서도 강남경찰서는 데이터를 추출하는 과정에서 착오가 있었던 것일 뿐, 기록 자체는 남아 있기 때문에 은폐한 건 아니라고 주장했다.

취재 당시 나는 강남경찰서를, 박윤수 선배는 권경호를 맡았는데, 권경호도 '버닝썬에서 사건을 알아봐 달라고 했다'는 건 시인했다. 하지만 박철민 경위와의 연락에 대해선 옛 동료와 연락을 한 것일 뿐, 청탁을 하거나 돈을 건넨 적이 없다고 주장했다. 그의 주장이 과연 사실이었을까.

취재를 하면서 가장 아쉬웠던 건 담당 수사관을 만나지 못했다는 점이다. 직접 만나서 권경호과 연락을 주고받은 적이 있는지, 돈을 받았는지, 왜 미성년자를 불러 조사하지 않았는지, 제대로 조사하지 않은 이유가 권경호의 부탁 때문이었는지 등을 물어보고 싶었지만, 그러지 못했다.

강남경찰서에 찾아가 담당 수사관이었던 박준 경위를 찾았지만, 강남경찰서 수뇌부는 나와 수사관의 만남을 허락하지 않았다. 그를 찾기 위해 해당 수사팀이 위치한 층 이곳저곳 돌아다녔고, 경찰 서장실로 찾아가 박준 경위에게 해명을 들을 수 있게 협조해달라고 요청했지만, 모두 거부당했다. 오히려 관련자들에게 접근하지 못하도록 우릴 적극적으로 막았다. 경찰 측이 먼저 사건을 파악해야 한다는 이유에서였다. 연락처를 남기고 전화가 오길 기다렸지만, 끝내 담당 수사관에게서는 연락이 오지 않았다.

몸통은 모두 빠져나간 수사

2019년 2월 21일. 기사는 나갔고, 유착 의혹에 대한 광역수사대의 수사도 급물살을 탔다. 권경호는 보도 당일에 긴급체포를 당했고, 제보자 이일호는 물론, 강남경찰서 경찰관들도 줄줄이 소환되어 조사를 받았다. 예상대로 권경호는 김종현에게 돈 받은 혐의 자체를 부인했다. 강남경찰서 경찰에게 연락해 사건에 대해 물어본 것은 인정하면서도 기자들 앞에서 '경찰관이 아니라도 물어볼 수는 있는 것'이라고 말했다. 당시 상황을 고려해 풀어보면 '자신처럼 전직 경찰관이 아니더라도, 경찰에게 사건에 대해 물어볼 수 있는 것 아니냐' 정도의 의미로 볼 수 있을 것 같다. 권경호는 버닝썬에게 사건을 해결해주겠다고 한 적도 없고, 버닝썬 대표에게 2,000만 원을 받은 적도 없다고 주장했다.

이일호는 경찰에게 잡히기 하루 전날 권경호 측으로부터 채무 3억 원을 모두 돌려받았다. 그리고 자신의 휴대전화를 모두 없앤 뒤 경찰 조사를 받았다. 물론 우리에게 제보한 내용도 부인했다. 하지만 경찰은 이일호와 내가 대화한 녹취록을 갖고 있었다. 이일호는 경찰의 설득 끝에 하루 만에 자신의 핸드폰과 유심칩 위치를 털어놨고, 경찰은 이를 입수했다.

돈을 준 혐의를 받는 버닝썬 김종현 대표는, 두 번째 조사를 받을 때까지 2,000만 원을 건넨 사실이 없다며 혐의를 부인했다. 하지만 세 번째 조사를 받았던 2019년 3월 1일, 권경호가 미성년자 클럽 출입 사건과 관련해 '잘 알아봐 주겠다'는 취지로 제안을 해 현금 2,000만 원을 건넸다고 시인했다.

이후 권경호는 '알선수재' 혐의로 구속돼 1심 재판에서 징역 1년 형을 받았다. 알선수재는 공무원이 직무와 관련한 일을 잘 처리해주기로 알선하고, 그 대가로 금품을 받으면 적용되는 죄다. 공무원처럼 영향력을 행사한 경우에도 해당된다. 당시 판결문에는 세 번째 조사에서도 혐의를 부인하던 김종현에게 담당 수사관이 이일호의 휴대전화에서 캡처한 사진 2장을 보여주며 '이래도 권경호에게 2,000만 원을 준 사실이 없냐'고 추궁했고, 김종현이 그제서야 조사를 중단시킨 후 변호인과 면담을 한 뒤 해당 사실을 시인했다고 적혀 있었다. 당시 수사관이 내민 캡처 사진은 앞서 이일호가 내게 보여줬던 ②, ③(p.190 참조)이었다.

그런데 이때 이일호가 내게 제보했던 내용과 다른 부분이 있었다. 그는 2018년 8월 9일에 호텔로 찾아가 김종현에게 2,000만 원을 받았다고 했다. 그런데 판결문에 따르면, 김종현은 권경호에게 두 번에 나눠서 2,000만 원을 건넸다. 2018년 8월 9일, 김종현은 권경호의 부하직원 이일호에게 300만 원을 주었고, 2018년 8월 17일에 나머지 1,700만 원을 권경호에게 직접 주었다는 것이다. 그리고 미성년자 출입 사건의 담당 수사관이었던 박준 경위는 2019년 3월 15일, 직무유기 혐의로 입건됐다.

이렇게만 보면 수사가 꽤 순조롭게 이뤄진 것 같지만, 당시 우리는 담당 수사관을 직무유기로 입건했다는 광역수사대의 발표를 본 순간부터 '이게 아닌데…'라는 느낌을 받았다. 앞에서도 언급했듯 광역수사대가 전직 경찰 권경호에게 적용한 혐의는 〈특정범죄 가중처벌 등에 관한 법률〉상 알선수재'다. 쉽게 말해, 권경호가 버닝썬 대표에게 '나한테 돈 주면 경찰에서 사건 잘 처리될 수 있게 힘써줄게'라면서 금품을 수수한 혐의를 받

아무도 몰랐던 그곳의 진실

는다는 의미다.

그런데 박준 경위에게 적용된 '직무유기' 혐의는 공무원이 정당한 이유 없이 자신의 일을 제대로 하지 않았다는 죄다. 민원처리를 제대로 하지 않아도 적용받을 수 있는 흔한 죄목인 것이다. 수사관이 돈을 받고 사건을 봐줬다는 게 아니라, '그냥 일을 못했다'라는 게 당시 광역수사대의 판단이었다. '버닝썬 대표 → 전달책 이일호 → 전직 경찰 권경호 → 강남경찰서'로 이어지는 유착 의혹 연결고리 중, 핵심인 '전직 경찰 권경호 → 강남경찰서'가 경찰 수사 단계에서 끊겨버렸다.

물론 광역수사대도 미성년자 출입 사건이 잘못 처리된 게 맞고, 담당 수사관도 무언가 동기가 있으니까 수사를 제대로 하지 않은 것으로 본다고 했다. 뇌물은 보통 증거가 남지 않게 현금으로 오가기 때문에, 뇌물죄를 적용하려면 돈을 준 공여자(전직 경찰 권경호)의 진술이 반드시 필요하다. 하지만, 김종현에게 2,000만 원을 받은 혐의를 받고 있는 권경호가 '돈을 받지도, 주지도 않았다'고 주장하고 있고, 광역수사대도 권경호가 수사관에게 돈을 건넨 증거를 못 찾아 단순 직무유기 혐의만 적용할 수밖에 없었다고 설명했다.

법원은 이렇게 판결했다

2019년 8월 14일. 〈특정범죄 가중처벌 등에 관한 법률〉상 알선수재 혐의를 받은 전직 경찰관 권경호는 1심에서 징역 1년과 추징금 2,000만 원을 선고받았다. 1심 판결문 곳곳에는 우리가 취재했던 내용들이 고스란히 담겨 있었다. 범죄사실과 재판부의 판단은 아래와 같다.

2018년 7월 7일 오후 1시 30분. 권경호는 버닝썬 직원으로부터 '클럽에 미성년자가 출입해 〈청소년 보호법〉 위반죄'로 단속되었는데, 사건의 진행 상황이나 담당자를 알아봐 달라'는 말을 듣고, 이에 응해서 진행 상황과 담당자를 알아봐 주기로 했다.

2018년 7월 13일 오후 4시 56분. 서울 강남경찰서에서 근무하는 박철민 경위로부터 문자 메시지로 '미성년자 출입 사건이 박준 수사관에게 배당되었다'라는 연락과 함께 수사관의 연락처를 전해 들었다.

2018년 7월 중순. 서울 강남경찰서 앞 ○○○○ 커피숍에서 박준 수사관을 만나 사건의 진행 상황에 관해 알아보았다.

2018년 7월 25일 오후 6시 30분. 버닝썬이 위치한 호텔 후문 인근에 주차한 자신의 차에서 버닝썬 김종현 대표에게 '일이 잘 해결될 것 같다. 그런데 일을 해결하려면 돈이 필요하다. 후배나 애들이 고생하니까 300만 원정도는 후배들 용돈으로 주고, 나머지는 경비도 써야 되고 일도 봐야 하니 2,000만 원을 달라'고 말했다.

2018년 8월 9일 오후 3시 19분. 중국에서 보이스톡으로 김종현에게 전화

아무도 몰랐던 그곳의 진실

해 '자신이 보내는 사람에게 300만 원을 건네라'고 말하고, 같은 날 오후 3시 38분. 부하직원인 이일호에게 문자 메시지로 김종현의 카카오톡 프로필 사진을 보낸 후 '김종현에게 연락해 놓았으니 연락해서 시간과 장소를 정한 후 만나 300만 원을 받아라'고 지시했다. 그래서 이일호로 하여금 오후 6시 20분 호텔 정문 앞에 주차된 승용차에서 김종현으로부터 현금 300만 원을 받도록 했다.

2018년 8월 17일 자정부터 오전 1시. 버닝썬이 위치한 호텔 후문 앞에 주차된 자신의 승용차 안에서 김종현으로부터 현금 1,700만 원이 들어 있는 종이 가방을 건네받았다. 이로써 권경호는 경찰공무원의 직무에 속한 사항의 알선에 관하여 금품이나 이익을 수수했다.

1심 재판부는 돈을 건넨 사실을 부인하다가, 광역수사대 수사관이 이일호의 휴대전화 캡처 내용을 들이대자 그제야 2,000만 원을 건넸다고 인정한 김종현의 진술 번복 과정과 김종현이 돈을 건넨 사실에 '신빙성이 있다'고 판단했다. 또 버닝썬 미성년자 출입 사건의 수사 과정에서 강남경찰서 수사관이 청소년을 불러 조사도 하지 않고 '불기소 처분' 의견으로 결론을 내린 것에 대해서는 '석연치 아니한 점이 있다'고 지적했다. 그러면서 이 사건이 기소 의견으로 송치될 경우, 당시 매월 평균 24억 원을 벌던 버닝썬이 상당한 손실을 입으리라는 것을 예상할 수 있는 만큼, 김종현이 이를 막기 위해 2,000만 원을 교부할 동기가 충분하다고 판단했다.

이때 재판부가 중요하게 본 지점이 하나 더 있다. 버닝썬 공동대표 이민우와 또 다른 운영자 한상협(가명)의 진술이다. 판결문에 따르면, 이민우와 한상협은 2018년 11월경 동업자인 김종현에게 '버닝썬 클럽 관련 〈청소년 보호법〉 위반 사건 처리에 관한 알선 명목으로 권경호에게 2,000만원을 교부하였다'는 말을 들었다고 진술했다. 김종현이 미성년자 출입 사건을 무마하기 위해 전직 경찰인 피고인에게 돈을 주었다는 것이다.

돈을 건넨 건 김종현의 독단적인 행동이었다. 이민우, 한상협은 이번 유착 사건과 직접적인 관계가 없다. 연관도 없는 자들이 이렇게 중요한 재판과 관련해 듣지 않은 말을 들었다고 거짓 진술할 리 없지 않을까.

1심 재판부는 끝으로, 당시 김종현이 제보자였던 이일호의 주장을 무마할 목적으로 해외로 출국하려는 이일호에게 8,000만 원을 마련해주려고 했던 점, 권경호의 형이 이일호가 자수하기 직전인 2018년 2월 20일에 권경호의 채무 3억 원을 모두 갚은 점 등을 언급하면서, 실제 권경호가 김종현에게 2,000원을 받지 않았다면 납득하기 어렵다고 못 박았다. 권경호는 재판에서도 '김종현에게 돈을 요구하지도 않았고, 돈을 받지도 않았다'고 주장했지만, 재판부는 받아들이지 않았다. 그리고 그는 항소했다.

2020년 2월 7일. 2심 재판부는 '버닝썬 미성년자 출입 사건을 알게 된 권경호가 평소 알고 지내던 경찰관들에게 연락해 사건 담당 경찰관을 확인한 후, 직접 찾아가 만난 행위는 단순히 진행 상황만 알아보기 위한 것이었다고 보기 어려운 측면이 있다'고 적시했다. 또 미성년자 출입 사건을 맡았던 경찰관은 '불기소 의견'으로 사건을 검찰에 송치한 점, 사건 무마의 대가로 권경호가 돈을 받았다고 주장한 부하직원 이일호는 경찰에

아무도 몰랐던 그곳의 진실

붙잡히기 하루 전 권경호 측으로부터 3억 원을 받고서는, 진술을 번복해 '김종현에게 돈을 받은 사실이 없다'는 취지로 진술한 점 등을 지적했다. 그러면서 재판부는 '이런 사정으로 볼 때, 권경호가 김종현에게 알선 명목으로 금품을 요구하고 이에 따라 합계 2,000만 원을 받았다고 의심할 여지가 있기는 하다'라고 말했다. 하지만 '형사재판에서 범죄사실의 인정은 법관으로 하여금 합리적인 의심을 할 여지가 없을 정도의 확신을 가지게 하는 증명력을 가진 엄격한 증거에 있어야 하므로, 검사의 입증이 위와 같은 확신을 가지게 하는 정도에 충분히 이르지 못한 경우에는, 비록 피고인의 주장이나 변명이 모순되거나 석연치 않은 면이 있는 등 유죄의 의심이 간다 하더라도 피고인의 이익으로 판단해야 한다'고 했다.

수사기관이 돈을 건넸다는 금융자료 등 권경호의 혐의를 입증할 수 있는 객관적 물증을 확보하지 못했기 때문에, 2,000만 원을 줬다는 김종현의 진술만으로는 유죄를 내릴 수 없다는 얘기다. 그러면서 재판부는 김종현의 진술과 증언에 신빙성이 있다고 단정할 수 없는 이유를 언급했다.

첫째, 권경호의 회사가 버닝썬에서 홍보 행사를 했던 2018년 7월 25일. 김종현은 오후 6시 50분경에 권경호가 자신을 차량에 태우고 호텔을 2~3바퀴 크게 돌면서 사건 해결의 대가로 돈을 요구했다는 취지의 진술을 했는데, 권경호가 사용한 차명 휴대폰 사용 내역을 보면 오후 6시 50분을 전후로 권경호는 홍보 행사 관련된 사람들과 계속 문자와 전화를 주고받았다. 또, 권경호는 당시 휴대폰 위치정보를 실시간으로 지도에 저장해주는 '구글 타임라인'을 사용했는데, 2018년 7월 25일 오후 5시경부터 오후 11시 30분경까지 별다른 움직임이 기록되어 있지 않았다.

둘째, 권경호가 부하직원 이일호에게 김종현의 연락처가 포함된 캡처 화면과 '현금 2,000만 원 받아서 너 300만 원.'이라는 메시지를 보낸 2018년 8월 9일. 김종현은 이일호를 만나 '고무줄로 묶은 5만 원짜리 60장 돈뭉치(300만 원)을 줬다'고 주장한 반면, 이일호는 '비교적 가벼운 것이 들어 있는 쇼핑백'이라고 주장하는 등 진술이 상반된다. 또 권경호가 보낸 메시지에 따르면, 김종현이 이일호에게 2,000만 원을 지급하는 것이 자연스러운데, 김종현이 300만 원만 준 경위와 이일호가 300만 원만 받고도 별다른 조치를 취하지 않은 것에 대해 쉽게 납득하기 어려운 측면이 있다.

셋째, 김종현이 권경호에게 1,700만 원을 주었다고 한 2018년 8월 17일. 김종현은 자정경부터 오전 1시경 사이, 호텔 후문에 주차된 권경호의 승용차 안에서 1,700만 원을 현금으로 줬고, 당시 권경호가 김종현을 태운 후 호텔을 2바퀴 정도 돌면서 모친이 위독하다는 말 등을 했다고 주장했지만, 당시 구글 타임라인상 권경호는 회사 관계자들과 함께 서울 중구에 있었다.

판결문을 보면, 구글 타임라인이 권경호를 무죄로 판결한 2심에 큰 영향을 미친 것을 알 수 있다. 당시 권경호의 구글 타임라인 계정에 등록된 휴대폰은 모두 4대였다. 1심은 권경호가 사용했던 차명 휴대폰을 직접 조사하지 않았기 때문에, 구글 타임라인 상 그의 위치가 호텔 주변으로 잡히지 않았더라도 김종현 진술의 신빙성을 배척할 수 없다고 판단했다. 반면 2심에서는 휴대전화 4대 중 차명을 포함한 2대는 권경호가 소지하고 있었던 만큼, 당시 권경호의 행적과 수신·발신 내역으로 보면, 구글 타임라인은 그가 소지하고 있던 2대의 위치 정보라고 보는 것이 타당하다고 판단했다.

결국, 2심 재판부는 '검사가 제출한 증거만으로는 공소사실에 대해 합리적 의심이 없을 정도로 증명되었다고 인정하기 부족하다'며 권경호를 무죄로 보는 것이 타당하다고 판단했다. 검찰은 대법원에 상고했다.

2020년 6월 25일. 대법원은 권경호의 알선수재 혐의를 무죄로 확정했다.

2020년 1월 31일. 그사이 직무유기 혐의를 받던 버닝썬 미성년자 출입 사건 담당 수사관도 검찰에서 혐의 없음(증거 불충분)으로 불기소 처분을 받아 사건이 종결됐다.

뒤늦은 '영업정지' 명령

2019년 5월 31일. '버닝썬 미성년자 출입사건'이 발생한 지 약 11개월 뒤, 버닝썬 출입구에 한 장의 '행정처분 게시문'이 붙었다. 강남구청이 2019년 5월 31일부터 같은 해 9월 27일까지 버닝썬에 '영업정지 4개월' 처분을 한다는 내용이었다.

우리가 한 보도로 광역수사대는 '미성년자 출입 사건'에 대한 재조사를 벌였다. 그 결과 당시 만 18살 성현 군의 버닝썬 출입 사실을 확인했다. 뿐만 아니라, 이보다 앞선 2018년 4월에 버닝썬이 미성년자를 고용한 사실과 2018년 6월에 미성년자가 추가로 출입한 사실도 조사 과정에서 드러났다. 조사 결과를 통보 받은 강남구청은 모든 사건을 병합해 버닝썬에 총 4개월 영업정지 명령을 내렸다. 그런데 버닝썬은 이미 2019년 2월 17일에 문을 닫았다. 폐업한 클럽에 뒤늦게 영업정지 딱지가 붙은 것이다.

지금 생각해보면 광역수사대가 미성년자 출입 사건을 맡았던 박준에게 '수뢰죄'가 아닌, '직무유기' 혐의를 적용했을 때부터 버닝썬과 경찰 유착 의혹 사건은 사실상 종결된 것과 마찬가지였다. 그리고 직무유기 혐의에 대해서도 결국 불기소 처분이 내려졌다. 수사기관 관계자에 따르면, 당시 불기소 이유는 '고의성이 없다'였다고 한다.

버닝썬과 경찰의 유착 의혹은 버닝썬 게이트의 시작, 2019년 1월 28일 김상교에 대한 버닝썬의 폭행 사건을 보도할 때부터 끊임없이 제기됐다. 대중은 전혀 상식적이지 않았던 경찰의 사건 처리 배경에 '무언가 있지 않겠냐'며 합리적인 의문을 품었다.

광역수사대는 당시 현장에 출동했던 경찰관 4명을 포함해, 이들이 속한 역삼지구대 경찰관 71명의 휴대전화 72대와 공용휴대전화기 18대, 클럽 종사자 706명 사이의 통화 내역을 모두 확보해 분석했고, 경찰관과 클럽 주요 종사자 등 36명의 계좌 내역도 함께 들여다 봤는데, 의심할만한 내용이 없다며 '유착은 없다'고 결론 내렸다.

경찰에 대한 경찰의 수사는 이렇게 '누구도 잘못하지 않았다'는 것으로 끝을 맺었다. 누구도 잘못한 게 없다면, 버닝썬 문에 붙은 영업정지 4개월 행정처분은 어떻게 설명할 수 있을까.

아무도 몰랐던 그곳의 진실

버닝썬의 주인은 누구입니까?[*]

스콧 피츠제럴드의 소설 《위대한 개츠비》. 1925년에 출간된 이 소설은 전 세계적으로 수천만 부가 팔려나간 베스트셀러다. 오페라와 연극, 영화까지 다양한 장르로 재탄생된 작품이기도 하다. 2013년에는 레오나르도 디카프리오가 주연을 맡은 영화로도 개봉했다. 막대한 부를 소유한 개츠비는 매일 밤 저택에서 화려한 파티를 벌이고, 그 광경은 황홀할 정도로 근사하게 묘사된다.

2018년, 승리는 한 방송에서 점포 수 35개, 연 매출이 250억 원에 달하는 라면가게를 운영하고 있다고 소개했다. 와플 가게와 화장품 사업 지분 투자 등 여러 분야에서 사업을 한다고도 밝혔다. 승리는 '쟁쟁한 실력을 가진 빅뱅 형들과 부딪히지 않는 걸 하려고 사업을 시작했다'고 털어놨다. 방송에서 보여준 진솔한 승리의 모습에 대중은

---

[*] 〈버닝썬의 주인은 누구입니까?〉부터는 해당 내용을 취재한 박윤수 기자가 썼다.

'위대한 승츠비'라는 애칭까지 붙여줬다. 승리의 사업에 대해 여론의 관심도 컸고, 버닝썬도 대중에게 거부감 없이 받아들여졌다. 이런 승리의 사생활은 개츠비 못지않았다.

'**버닝썬 엔터테인먼트 대표 승리**는 '아이스버킷 챌린지를 계기로 (…) 환우의 승리를 응원한다.'고 **말했다.**'
'**빅뱅 승리가 운영한다는** 클럽 '버닝썬'이 지난 2월 개장 초기부터 연일 화제입니다.'
'버닝썬 관계자는 '**승리 대표**를 필두로 사운드 시스템에는 투자를 아끼지 말자는 내부 의견이 있었다'고 밝혔다.'

당시 승리와 관련한 여러 기사에서 발췌한 내용들이다. 승리는 자신을 버닝썬 대표로 소개했고, 언론도 그를 버닝썬 대표로 인식했으며, 직원들 역시 당연하다는 듯 그를 '승리 대표'라고 불렀다.

2019년 2월 2일. 설 연휴 첫날, 승리는 SNS에 입장문을 올렸다.

'언론을 통해 당시 상황이 담긴 (폭행) 영상을 처음 보았고, 저도 큰 충격을 받았습니다. 어떠한 경우에도 폭력은 정당화될 수 없고, 이번 일로 상처를 받으신 피해자분께는 이 글을 빌어 진심으로 사죄의 말씀 드리며, 하루빨리 심신의 상처가 아물길 바라겠습니다. (…) 때마침 좋은 계기가 있어 홍보를 담당하는 클럽의 사내이사를 맡게 되었고, 연예인이기 때문에 대외적으로 클럽을 알리는 역할을

아무도 몰랐던 그곳의 진실

담당했습니다. 실질적인 클럽의 경영은 제 역할이 아니었고, 처음부터 관여하지 않았기 때문에 이번 사건도 처음부터 책임 있는 모습을 보여드리지 못했던 점 깊이 반성하고 머리 숙여 사죄드립니다.

폭행 사건으로 촉발된 이슈가 요즘은 마약이나 약물 관련 언론 보도들로 이어지고 있습니다. 이 부분에 있어서는 제가 이를 직접 보거나, 들어본 적도 없었던 터라 수사에 적극 협조하여 철저한 조사를 통해 진상규명과 함께 죄가 있다면 엄중한 처벌이 있었으면 하는 마음입니다. 당시 사내이사를 맡고 있던 저도 책임질 일이 있다면 모든 책임을 지겠습니다.'

겉보기로는 폭행 사건에 대한 사과였지만, 승리가 전하고 싶은 메시지는 딱 하나였다. '나는 버닝썬 대표가 아니라, 홍보만 담당하는 사내이사일 뿐'이라는 것이었다. 이름만 빌려줬다는 말이다. 그리고 이틀 뒤, 이민우 버닝썬 대표가 입장문을 올렸다. 역시 폭행 사건에 대한 사과로 시작했지만, 진짜 의도는 승리를 비호하는 것이었다.

'그리고 '이 사건으로 인해 가장 큰 피해를 입고 있는 승리'와 저의 관계에 대해서 설명드리겠습니다. 승리와 저는 오랜 친구 사이이며 제가 클럽을 준비할 때 컨설팅 의뢰를 제안했습니다. 빅뱅 활동을 10년 동안 잘하고 있던 베테랑이기도 하고 승리라는 친구가 컨설팅을 해주면 홍보 효과도 얻을 수 있다는 생각에 제가 먼저 부탁한 부분입니다. '승리는 본인이 직접 경영하고 운영을 맡았던 다른

사업체들과는 달리' 버닝썬에서는 컨설팅과 해외 디제이 컨택을 도와줬을 뿐 버닝썬의 실질적인 운영과 경영에는 개입하지 않았습니다. **'다른 사업체와 달리 본인이 직접 운영하지 않은 점과'** 저에 대한 지분 양도 문제 때문에 버닝썬을 먼저 정리한 후 군대를 가는 것이 맞다고 생각하여 버닝썬 이사직을 사임한 것입니다.'

이민우 대표는 이번 사건의 가장 큰 피해자가 승리라고 했다. 자신이 먼저 승리에게 홍보를 부탁했는데, 이로 인해 승리가 수많은 질타를 받아 마음이 아프다고 했다. 승리가 사업과 관련이 없다는 이민우 대표의 사과문에서 가장 눈에 띄는 내용은 '다른 사업체와 달리 본인이 직접 운영하지 않는 점'이라는 문장이었다. 두 번이나 반복됐다. 이민우 대표는 왜 '다른 사업체와 달리'라는 수식어를 넣었을까? 그동안 승리가 언론에서 한 말들을 주워 담으려면, 저 정도의 강조가 필요했을 것이다.

승리와 이민우는 클럽의 폭행 사건을 인정하고 사과했다. 하지만 성폭력과 마약 의혹은 극구 부정했다. 폭행과 마약은 완전히 다른 문제다. 폭행은 가해 당사자가 형사 처벌을 받으면 된다. 하지만 마약은 다르다. 클럽 내에서 공공연하게 유통됐다면 클럽 운영자도 책임을 피하기 어렵다. 당시 마약 의혹은 다른 언론사에서도 보도하고 있었고, 경찰 조사도 시작되고 있었다. 버닝썬의 '진짜' 사장은 압박을 느끼고 있었을 것이다. 이런 상황에서 우리는 '승리 대표'가 버닝썬의 진짜 대표가 아니라는 주장을 납득하기 어려웠다.

영역을 확장해보자

2019년 2월 23일 토요일. 보통 '야근'이라고 하면 밤 10시, 늦어도 자정쯤에는 퇴근하는 모습을 떠올릴 텐데, 방송사의 야간 근무는 조금 다르다. 야근을 하는 기자들은 매일 오전 6시부터 8시까지 방송되는 아침 뉴스를 제작한다. 그래서 저녁 7시쯤 출근해 꼬박 밤을 새고 아침 9시쯤 출근하는 근무자와 교대한 뒤 퇴근을 한다.

이날은 후배가 결혼하는 날이었기 때문에 야근을 마치고 돌아와 옷만 갈아입고 다시 집을 나섰다. 가장 뒤쪽, 구석진 테이블에 자리를 잡자 같은 테이블에 앉은 선배가 축하를 건넸다.

"이제 상들을 수집할 일만 남았네?"

"선배, 별말씀을요. 감사합니다."

"근데 앞으로 후속 보도할만한 건 없냐?"

"음…, 수사 상황을 봐야겠지만, 별거 없을 것 같은데요?"

클럽에서 벌어진 폭행 사건으로 시작해서 마약과 성폭력 사건, 그리고 경찰과의 유착 문제까지. 이미 한 달 가까이 취재가 이어진 만큼, 더 이상 새로 나올 게 없을 줄 알았다. 우리 보도로 대대적인 수사에 나선 경찰은 거의 매일 수사 진행 상황을 언론에 브리핑했다. 이제 버닝썬에 관련한 새 취재거리를 '발굴'하는 것보다, 경찰 수사 상황을 확인하면서 소식을 놓치지 않는 것에 집중할 필요가 있다고 생각했다.

이를테면 국립과학수사연구원이 애나의 마약 검사 결과를 경찰에 통보했는지, 경찰이 이민우에 대한 구속영장을 언제쯤 신청할 것인지, 승리는 언제쯤 불러 조사할 것인지, 유착 의혹을 받는 경찰들에 대한 수사는 어떻게 진행되고 있는지…. 그동안 우리가 의혹을 제기해 경찰에 던져준 숙제들을 하나씩 확인하는 것만으로도 기삿거리는 충분했다.

다른 언론사들은 사실 여부를 확인조차 못하는 기사를 연일 보도하는 것은 기자에게 말로 표현할 수 없는 황홀감을 선사한다. 10년 넘는 기자 생활을 통틀어 이때만큼 '이슈를 선도한다'는 즐거움은 만끽했던 적이 없었다. 우리는 충분히 잘했다. 하지만 캡의 생각은 달랐다.

2019년 2월 24일 일요일 오후 3시. TV 채널을 돌리며 캔 맥주를 들이키는데 휴대전화 알람이 울렸다. 확인해 보니 캡이었다.

'다들 잘 쉬고 있냐? 다음 주 북미정상회담 국면에 들어가기 전에 버닝썬 사건과 관련해 얘기하려 한다.'

이러면 후배들은 계속 채팅창을 보면서 하려는 말이 무엇인지 기다릴 수

아무도 몰랐던 그곳의 진실

밖에 없다. 그렇게 10분쯤 지났을까? 캡이 장문의 메시지를 올렸다.

'약간 영역을 확장해보자. 지금 버닝썬은 경찰 수사가 메인이고, 모든 사람이 경찰만 바라보고 있거든. 이제 남은 건 경찰 수사 결과만 기다리는 건데, 한 가지 간과하고 있는 게 있어. 바로 세금이야. 어떻게 보면 이거는 다른 아젠다이자, 또 다른 영역이다.'

그러니까, 버닝썬의 탈세를 취재하자는 말이었다. 캡은 유흥업소들이 경찰보다 두려워하는 존재가 국세청이라는 말도 덧붙였다. 벤자민 프랭클린이 "죽음과 세금은 피할 수 없다"라고 말했듯, 납세는 국민의 4대 의무 중 하나이다. 하지만 누구나 탈세의 유혹에 빠질 수 있다. 자신이 노력해서 벌어들인 소득 중 일부를 국가가 가져간다는 데 반감을 갖지 않을 사람은 별로 없기 때문이다. 내야 할 금액이 많은 고소득자일수록 탈세의 유혹은 더 클 수밖에 없다.

그럼 버닝썬은 어땠을까. 취재하면서 만난 사람들의 얘기들을 곱씹어보면, 버닝썬이 영업했던 약 1년의 기간 동안 탈세를 했으리라는 가능성은 충분해보였다. 버닝썬 직원들은 '손님에게 현금 결제를 유도하는 대신 입장료를 할인해줬다'고 공통적으로 말했다. 하지만 증거가 없었다. 승리에 관해서도 마찬가지였다. 버닝썬의 실제 소유주가 승리일 것이라는 심증은 있었지만 증거가 없었다. 승리가 보유한 버닝썬의 지분은 얼마나 되는지, 법인 설립 당시 투자금이 어떻게 마련됐는지, 수익은 누가 어떻게 나누기로 한 건지… 당장 떠오르는 취재 포인트들이 꼬리에 꼬리를 물었다.

그곳에는 회계 장부가 있었을까?

기자들은 보통 마감이 가까워져야 일을 한다. '기사는 마감이 써준다'는 말이 괜히 나온 게 아니다. 문제는 그러다 보니 자신이 어떤 것을 취재했는지, 그 취재의 쟁점이 무엇이었는지, 보도 이후에는 그 사건이 어떻게 진행되고 있는지 등을 금세 잊어버린다. 게다가 세월은 기억을 왜곡한다. 내가 누구와 만났는지, 그 사람과 무슨 대화를 나눴는지, 당시 어떤 생각을 했는지도 전부 희미해진다.

마찬가지로 기자들은 하루하루 기록을 남기는 데 별로 익숙하지 않다. 반복되는 업무, 처리해야 하는 취재와 기사 작성에 파묻혀 숨 가쁘게 하루를 넘기는 경우가 대부분이다. 대형 재난이나 엽기적인 살인사건, 세상의 이목이 집중된 사건 수사들을 취재하는 데 온 힘을 쏟고 나면, 곰곰이 과거를 돌아보는 데 시간을 쓴다는 건 사치나 다름없다.

하지만 기록은 언제나 기억을 앞선다. 나는 '버닝썬 게이트' 이후 기록의 중요성을 깨달았고, 기록하는 습관이 생겼다. 아침에 출근하면 노트북을 열어 가장 먼저 폴더를 만든다. 바탕화면 업무 폴더에는 '2020년' 폴더가 있고, '2020년' 폴더에는 '1월'부터 '12월'까지 이름을 붙인 폴더가 있다. '12월' 폴더를 열면 '12월 1일'부터 '12월 31일'까지의 폴더들이 차곡차곡 정돈되어 있다. 각 폴더에는 그날 내가 작성한 기사와 취재한 내용, 취재에 참고한 다른 언론사의 기사, 출입처 보도자료는 물론 녹취한 음성과 일까지 담아둔다. 이렇게 정리한 자료는 여러모로 도움이 된다. 지금 이 글도 이 자료를 참고해서 쓰고 있다. 기자 한 명에게도 기록이 이렇게나

아무도 몰랐던 그곳의 진실

중요한데, 기업은 어떨까. 기록을 밑거름 삼아 진행할 중요한 일이 더 많지 않을까?

회계는 기업의 자금 흐름을 기록하는 일이다. 회계 장부가 있어야 다음 해 경영 계획을 세우고 회사를 운영할 수 있다. 외부에서도 이 회사의 재무 상태를 파악해야 이 기업이 안정적으로 운영되고 있는지, 투자를 할 것인지 여부를 결정할 수 있다. 그래서 투자자들의 감시를 받는 상장사들은 분기마다 회사 재무제표를 의무적으로 공시한다. 동네 구멍가게도 매일 얼마를 벌고 얼마를 썼는지 알아야 경영 계획을 세우는데, 잘나가던 시절 월 매출만 20억 원이 넘었다는 강남의 클럽은 어땠을까? 버닝썬에 '회계 장부'가 있기는 했을까?

1억 원짜리 메뉴, 그 이름 '만수르 세트'

'버닝썬의 탈세를 추적하라'는 임무를 맡았지만 할 수 있는 게 아무것도 없었다. 지금까지 확보된 자료가 인터넷에 돌아다니는 버닝썬의 'VVIP 프리미엄 세트' 메뉴판 사진 한 장뿐이었기 때문이다. 1억 원짜리 메뉴인 '만수르 세트'가 맨 위에 있고, 그 아래 5,000만 원짜리 대륙 세트, 1,000만 원짜리 천상 세트가 그려진, 이미 많은 사람이 알고 있는 바로 그 메뉴판이다. 버닝썬의 영업 전략은 명확해 보였다.

버닝썬에는 매일 성실하게 일하는 직장인들의 연봉보다 많은 돈을 하룻밤 유흥에 탕진하는 VIP 고객들이 즐겨 찾았다. 주말 밤이면 버닝썬은 발디딜 틈 없이 붐볐다. 그러니까, 버닝썬의 이 메뉴판은 '돈 안 쓰는 고객은 안 받는다. 이미 매일 밤 우리는 돈을 펑펑 쓰는 손님들로 넘쳐난다'라는 뜻이 아니었을까? 그리고 또 하나. '우리를 찾는 사람들은 너희들 같은 평민들과는 차원이 다르다'라고 말하는 것 같았다.

그럼 '아르망 드 브리냑'과 '돔페리뇽'이라는 샴페인을 도대체 누가 사 먹었을까? 버닝썬 직원들은 중국인 VIP 고객들이 5만 원짜리 지폐 뭉치를 비닐로 돌돌 말아서 감아오거나, 쇼핑백에 담아와 저 메뉴들을 주문했다고 말했다. '만수르 세트'가 팔리면, 그 소문이 강남 유흥가로 삽시간에 퍼져나갔고, 버닝썬에서는 '샴페인 걸'들이 양손에 술병을 들고 흔들며 행진하는 '서비스'가 펼쳐졌다고 한다. 그 광경이 1억 원이나 주고 볼만한 가치가 과연 있는지는 잘 모르겠다.

그렇다면 이렇게 장사하는 버닝썬은 얼마나 이득을 남겼을까? '대륙 세트 A'의 돔페리뇽 80병은 5,000만 원이다. 한 병에 62만 5,000원인 셈이다. 인터넷을 찾아보니 병당 30만 원 미만으로도 살 수 있는 술이었다. 예상대로였지만 이 역시 탈세 정황에 불과했다. 의혹을 제기할 순 있지만, 아직 부족했다. 상대를 꼼짝 못하게 할 '강력한 한 방'이 필요했다.

승리가 설계자입니다

2019년 2월 27일. 리포트 제작을 해야 하는 날이면 다른 일을 하기가 어렵다. 현장을 취재하고, 기사를 작성하고, 회사로 들어가 리포트의 제작

아무도 몰랐던 그곳의 진실

과 편집까지 마감 시간 전에 끝마쳐야 하기 때문이다. 자연스럽게 리포트 제작이 있는 날에는 미리 약속했던 제보자와의 만남도, 출입처 사람들과의 식사 약속도, 친구와 잡아둔 저녁 식사 만남도 대부분 미루거나 취소한다. 퇴근 시간은 이미 벌어진 술자리에 합류하기도, 취재원과 저녁 식사를 하기에도 애매한 밤 8시 즈음이었다. 그래서 노트북을 열고 제보를 뒤졌는데, 전날 밤 11시 50분에 올라온 제보 글이 눈에 띄었다. 승리가 버닝썬의 진짜 주인이고, 이민우는 '바지 사장'이라는 주장이었다.

'이민우 대표는 바지 사장에 불과함-(주)○○산업 50%, 승리 측 50%(LIN ○○(대만 승리 지인) 40%, 이민우 10%). 결산내역서를 보면 '이승현'(승리의 본명)이라는 이름으로 투자된 내역 확인 가능. 승리는 마케팅 담당 사내이사가 아닌 실질적 투자자 및 지인까지 대동한 설계자임.'

그리고 바로 아래 첨부된 파일 하나.

버닝썬 결산내역서.pdf

파일을 열어보니 버닝썬이 설립된 2018년 2월부터 3월 넷째 주까지, 5주간의 결산 내역이 8페이지 분량의 보고서로 정리되어 있었다. 내용을 정리해 보자. 먼저 버닝썬이 처음 설립될 때 승리는 초기 투자금으로 2억 2,500만 원을 냈다는 것을 알 수 있었다. 다음으로 ○○산업은 버닝썬이

〈자산 사용내역서〉

투자금	1	㈜○○산업	1,225,000,000	2,450,000,000
	2	LIN ○○	1,000,000,000	
	3	이승현	225,000,000	
집행	1	공사비	1,883,305,600	2,508,035,388
	2	주류	463,228,350	
	3	해외 아티스트	38,286,500	
	4	비품	74,274,328	
	5	소모품	48,940,610	
				−58,035,388

(단위: 원)

입주했던 '르메르디앙' 호텔의 주인이다. ○○산업 측 인사인 김종현은 이 민우와 버닝썬의 공동대표를 맡기도 했다. ○○산업 측에서는 버닝썬을 최대한 호텔에 이익이 되는 방향으로 운영하고 싶었을 것이다. 김종현은 그런 목적에서 ○○산업이 꽂은 버닝썬의 공동대표로 보였다. 마지막으로 'LIN ○○'는 버닝썬 직원들을 인터뷰하면서 들었던 타이완의 부호, 이른바 '린 사모'다. 빅뱅의 팬으로 알려져 있고, 승리 측 사람이다. 승리가 버닝썬에서 생일파티 중 갑자기 '린 사모님'을 찾는 동영상도 있는데, 'LIN ○○'가 클럽 오픈에 큰 도움을 준 것만은 분명해 보였다.

자료에 따르면 버닝썬의 초기 투자금은 24억 5,000만 원이었다. 쉽게 말하면 이 중 절반은 장소를 임대해준 ○○산업이, 나머지 절반은 실제 소유주로 추정되는 '린 사모'와 승리가 부담했다는 말이었다.

파일에는 다른 흥미로운 내용들도 있었다. '조직별 인건비 지급'이라는 페

아무도 몰랐던 그곳의 진실

이지가 있었는데, 버닝썬의 대표부터 재무팀, 기획팀, 운영팀, 무대팀, 영업팀 소속 인물들의 이름과 이들에게 지급된 급여액이 빼곡하게 적혀있었다. 김종현과 이민우 대표에게는 매달 1,000만 원이 지급됐다. 심지어 앞서 언급했던 '샴페인 걸' 8명에게 2,450만 원을 급여로 준 것까지 기록되어 있었다.

취재 과정에서 들어본 이들의 이름들도 촘촘하게 적혀있었다. 적어도 이 자료를 보니, PDF 파일 자체가 조작일 가능성은 낮아 보였다. 놀라운 점은 탈세와 관련한 가장 중요한 자료도 있었다는 것이다. 바로 버닝썬의 매출과 지출 내역이 담긴 표였다. 아마 버닝썬도 이 자료를 작성했을 땐 전혀 몰랐을 것이다. 이런 내부 자료가 통째로 기자에게 넘어갈 줄은.

버닝썬이 영업 초기 5주 동안 올린 매출은 18억 3,000만 원이었다. 카드 결제가 12억 8,000만 원, 외상을 포함한 현금이 5억 5,000만 원 정도로, 전체 매출의 30%가 현금매출이었다. 손님들이 지갑에 고이 넣어 모셔온 현금을 MD에게 전달하는 비중이 30%나 된다는 말이다. 세무사들도 의문을 제기했다. 일반 소매판매점의 경우 매출의 90% 이상이 카드로 잡히는데 버닝썬은 유독 현금 결제 비율이 높다고 했다. 쉽게 말해 매출을 누락해 과세당국에 신고하고, 세금을 적게 낼 가능성이 있다는 말이었다. 한창 파일을 보던 중 장부 한쪽에 '현금 미신고금액 3억 5,000만 원'이라고 쓰여 있는 것을 발견했다. 현금 매출 누락을 가정하고 내야 할 세금이 얼마인지 시뮬레이션을 돌려본 것이었다. 버닝썬은 현금 매출 3억 5,000만 원을 누락해 신고하면, 당기 순이익의 규모가 10분의 1로 쪼그라들게 되고, 자연스럽게 납부할 법인세도 8억 8,000만 원에서 9,400만 원으로 줄어

든다고 분석했다. 주석에는 '대관 수익, 브랜딩 수익 등 클럽 매출 이외 수익을 별도 법인으로 수령해 절세효과가 필요하고, 예상 법인세 산출 결과 과다 부과가 예상되므로 대안이 필요함'이라고까지 적혀 있었다. 이런 아마추어들. 걸려도 완전히 딱 걸린 셈이었다.

법 테두리 안에서 절세 수단을 찾는 건 당연한 일이지만, 이 정도면 탈세를 계획했다는 의혹은 충분히 제기할 수 있었다. 기사를 쓸 수 있겠다는 확신이 생겼다. 문서에 대놓고 탈세 방법까지 언급했으니 시간을 끌 이유가 없었다. 당장 제보자를 만나야 했다.

"선생님, 보내주신 제보 보고 연락드렸습니다."

수백 번도 더 해오던 제보 확인이지만, 어느 때보다 떨리는 순간이었다. 경기도 일산에서 제보자와 만나기로 했다. 어떻게 이 파일을 갖고 있었는지, 이 파일이 정말 사실인지 확인해야 했다. 이 정도만 확인되어도 즉시 보도할 수 있다. 아마 캡도 탈세를 취재해보라고 지시는 했지만, 이런 자료가 넝쿨째 굴러들어올 줄은 상상조차 못했을 것이다.

세상에 공짜는 없다

2019년 12월. 버닝썬에서 승리의 생일 파티가 열렸다. 그날 승리는 스테이지 위에서 파티에 와준 일부 사람들을 호명하며 감사의 인사를 전했다. 그중 두 차례나 소리 높여 부른 여성이 바로 '린 사모'다. 승리에게 그녀는 얼마나 중요한 존재였을까.

린 사모의 최측근 증언에 따르면, 린 사모는 2017년 1월 서울 성수동의 최고급 주상복합아파트를 38억 원에 매입했다. 그룹 빅뱅의 팬인 린 사모는 빅뱅 멤버인 지드래곤의 집이 같은 층에 있다는 걸 알고 사버렸다고 한다. 또 서울 용산구의 40억 원대 아파트 한 채를 보유하고 있었고, 2018년엔 서울 송파구의 한 오피스텔 펜트하우스를 240억 원에 계약하기도 했다. 모두 3~4년 전, 당시 가격 기준이기 때문에 지금도 부동산을 보유하고 있다면 부동산 투기로만 상상하기 어려운 부를 축적했을 것이다. 버닝썬에서 하룻밤에 수천만 원어치 술 값을 지불하는 것으로도 유명한 린 사모는 버닝썬 초기 투자금의 40%를 홀로 부담했고, 지분 20%도 소유하고 있었다.

언뜻 보면 돈 많고 클럽 좋아하는 재력가였다. 그래서 자신이 좋아하는 버닝썬에 큰돈을 투자했을 것이라고 생각하기 쉬운데, 린 사모를 수행한 최측근 인사의 설명은 달랐다. 그녀는 철저한 비즈니스맨이라는 것이다. 세상에 공짜는 없다. 린 사모는 자신이 지분을 가지고 있는 버닝썬을 일종의 세탁기로 이용했다.

린 사모의 수법은 이랬다. 우선 자신이 밥을 사주고, 옷을 사주고, 술값을 내주면서 데리고 다니는 20대 청년들을 버닝썬의 유령 MD로 등록시킨다. 그리고 자신이 버닝썬에서 주문한 술 값보다 2~3배 더 많은 금액을 결제하고, 그 차액을 MD로 등록한 청년들의 통장으로 되돌려 받는다. 이후 그 돈을 그대로 현금으로 찾게 해 전달받았다.

결국 버닝썬을 세탁기로, 술값 내준 청년들의 통장을 대포통장으로 이용해 문제 없는 깨끗한 돈을 확보한 것이었다. 당시 우리가 파악한 대포통장 대여자는 최소 7명이었다. 우리는 대여자와 자금 세탁 액수가 더 많을 것으로 보고, 계좌 주인들의 동의를 받아 경찰에 수사를 요청했다. 이후 경찰도 수사를 통해 린 사모에게 대포통장을 이용한 횡령 혐의를 적용했다. 하지만 버닝썬 게이트가 터진 날 한국을 뜬 린 사모는 경찰의 출석 요구에 응하지 않았고, 결국 기소중지 의견으로 검찰에 송치됐다. 린 사모 또한 사실상 처벌을 피한 것이다.

빛 좋은 개살구, 버닝썬

2019년 2월 27일 오후. 제보자와 진행한 인터뷰 내용이다.

Q. "이 자료를 어떻게 가지고 있으셨어요?"

A. "버닝썬에서 회계 담당하는 B가 저희 직원이랑 아는 사이거든요. 버닝썬이 오픈할 때 B가 재무 관련 자료 작성하는 법을 우리 직원한테 많이 물어봤어요. 그때 주고받았던 자료라고 하더라고요."

Q. "그래서 초기 5주밖에 자료가 없었군요. 그런데 이 결산 내역서 파일을 누구에게 보고하려고 만들었는지 혹시 아세요?"

A. "임원회의 때 보고됐다고 하더라고요. 이민우랑 김종현은 그 회의에 참석했고, 승리에게도 보고됐다고 들었어요. 버닝썬 초기

아무도 몰랐던 그곳의 진실

투자자인 데다 주요 주주이기도 하잖아요."

임원회의에 보고됐을 법도 했다. 강남 고급 호텔에 위치한데다 문 열자마자 손님들로 가득찬 클럽이었으니 그 바닥에 '잘나간다'는 소문은 쫙 퍼졌을 테고, 본격적으로 돈을 벌기에 앞서서 세금을 확 줄일 계획이 필요했을 것이다. 편법을 동원할 동기는 충분했다. 이렇게 문을 닫게 될 줄은 몰랐겠지만.

Q. "보내주신 자료를 보니까 이승현이 투자자인 건 맞더라고요. 그런데 혹시 탈세 부분은 더 자료가 없으세요?"

A. "탈세요? 자료에 탈세 관련 내용이 있었나요?"

Q. "네, 여기 버닝썬이 현금매출을 누락하는 경우를 가정해서 시뮬레이션을 돌려보고 세금이 8억 원 정도 줄어드는 걸로 자체 분석까지 했잖아요."

A. "아, 그렇네요! B는 저런 계산할 능력이 없었는데. 세무사 도움을 받았을 것 같은데요?"

Q. "혹시, 그 직원분께 부탁해서 당시에 주고받았던 자료들 전부 찾아서 저에게 보내주실 수 있으세요?"

A. "네, 한번 알아보겠습니다."

버닝썬 정도 되는 클럽이면 회계 관련 업무는 회계 법인에 외주를 주거나 사내에 공인회계사 한 명 정도는 고용하고 있을 줄 알았는데, 전혀 그렇지 않았다. 재무 담당자는 20대 후반의 여성으로, '사무실장'이라는 직함을 갖고 있었다. 버닝썬 게이트가 한국을 강타했을 때, 그녀는 한국에 없었다. 훗날 경찰을 통해 알게 된 사실인데, 그녀는 버닝썬 자금을 횡령해 미국으로 도피했다고 한다. 취재를 하면 할수록 느껴지는 버닝썬의 실체는, 겉은 화려하고 번지르르하지만 속은 제대로 된 게 하나 없는, 그저 '빛 좋은 개살구'일 뿐이라는 것이었다.

승리, 절묘한 경찰 출석

2019년 2월 27일 저녁. 한결 마음이 놓였다. 어찌 됐든 버닝썬 탈세 기획보도는 가능할 것 같았다. 집에 돌아와 TV를 켰다. 〈MBC 뉴스데스크〉에서 뉴스가 흘러나왔다. 리포트 25개 중 22개가 북미정상회담 관련 꼭지였다. 북한과 미국의 정상이 만난다는데 이것보다 더 중요한 소식이 있을까. 다른 리포트가 들어갈 자리는 없어 보였다. 하지만 이날 한 사건이 벌어졌고, 우리는 메인 뉴스에 중요한 소식을 반영하지 못했다.

뉴스가 막 끝난 밤 9시, 승리가 경찰에 출석했다. MBC와 SBS 둘 다 이 소식을 뉴스에 반영하지 못했다. 한 시간 늦게 뉴스를 시작하는 KBS만 한 꼭지로 간단하게 보도했을 뿐이었다. 승리의 출석은 큰 이슈가 되지 못했다. 북미정상회담 때문에 뉴스가 많은 날, 감시가 느슨한 밤늦은 시

아무도 몰랐던 그곳의 진실

간을 잡아 이루어진 '기습 출석'의 효과는 좋았다. 출석 시간은 경찰이 승리 측 요구를 수용해 결정됐을 가능성이 높았다. 승리 측 변호사는 머리를 잘 썼고, 경찰은 너그러웠다.

MBC의 버닝썬 첫 보도가 나간 지 정확히 한 달 만에 포토라인 앞에 선 승리는 말쑥한 정장 차림이었다. 이미 여러 번 연습한 듯, 그는 준비한 말만 던지고 조사실로 향했다.

"일단 오늘 오전에 저에 대한 엄중한 수사 촉구하는 탄원서를 제출했습니다. 이번 논란과 수많은 의혹으로 많은 분께 심려를 끼쳐드리고, 많은 분을 화나게 한 점, 다시 한번 죄송하다는 말씀드립니다. 하루빨리 모든 것이 진상 규명될 수 있도록 조사에 임하겠습니다. 감사합니다."

지금까지 '자기 자신을 엄중하게 수사해 달라'는 내용의 탄원서를 제출한 사람은 승리 외에 한 명도 기억나지 않는다. 흥미로운 캐릭터인 것만은 분명했다. 승리는 버닝썬의 마약 유통과 성착취 의혹에 대해 묻는 기자들 질문에 아무 답변도 하지 않았다. 다만 경찰에 버닝썬 경영에 자신은 개입한 적이 없으며, 버닝썬에서 벌어진 일들은 자신과 무관하다고 진술했다. 몇 달 전만 해도 예능 프로그램에 출연해 '다른 연예인들과 달리 나는 직접 사업체를 운영한다'며 대놓고 버닝썬을 홍보하더니 이젠 클럽 경영과 관련이 없다고 선을 그은 것이다.

이해는 됐다. 은밀하게 마약이 유통되고 아무렇지 않게 여성들을 상대로 한 성 착취가 이루어지는 장소. 그럼에도 공권력이 그 모든 일탈을 눈감아주는 법의 사각지대. 이런 범죄의 소굴을 어떻게 자신의 소유라고 말할 수 있을까?

'당신이 끝까지 부인하겠다면 조금만 기다려라, 우리가 밝혀주겠다.'

탈세가 밝힌 버닝썬의 주인

2019년 3월 4일 월요일. 제보자가 95MB 분량의 압축 파일이 첨부된 메일을 보내왔다.

버닝썬엔터테인먼트_기자님.zip

혹시라도 약속했던 자료가 안 오면 어쩌나 걱정하면서 주말을 보냈는데 기우였다. 제보자는 직원이 가지고 있던 버닝썬 관련 파일 전부 긁어 모아 내게 보냈다. 얼핏 제목만 훑어봐도 기사로 만들 수 있는 파일이 한두 개가 아니었다. 버닝썬과 관련된 의문들을 해소할 수 있는 귀중한 자료였다. 대충 제목만 나열해도 이 정도다.

· 버닝썬 법인 통장의 입출금 내역
· 버닝썬 매출·외상 내역 보고서
· 버닝썬 직원 급여 내역

· 버닝썬 주류 재고 및 원가 내역

· 버닝썬 MD 팀별 매출 현황

· 일일 현장마감 보고서

· ○○산업 임대차 계약서·수익분배 계약서 – 세무신고용 메뉴판

주명	주소	인수주식수	壹주의 금액	납입금액
주식회사 ○○홀딩스	서울특별시 강남구	2,000주	5,000원	10,000,000원
이민우	서울특별시 강남구	1,000주	5,000원	5,000,000원
주식회사 ○○산업	서울특별시 서초구	4,200주	5,000원	21,000,000원
김종현	서울특별시 용산구	800주	5,000원	4,000,000원
LIN ○○	Nantun Dist., Taichung City, Taiwan (R.O.C.)	2,000주	5,000원	10,000,000원
합계		10,000주	5,000원	50,000,000원

그리고 파일 묶음에는 가장 알고 싶었던 버닝썬의 주주명부도 있었다. 이민우, 김종현, LIN ○○, ○○산업. 모두 낯익은 이름들이다. ㈜○○홀딩스는 승리가 공동대표인 법인이다. 그러니까 승리 측이 50%(○○홀딩스 20%, 이민우 10%, LIN ○○ 20%), 르메르디앙 호텔 측이 나머지 50%(○○산업 42%, 김종현 8%)를 보유한 것이었다. 호텔과, 클럽 운영자 측이 지분을 딱 절반씩 나눠 가졌다. 초기 투자 자금을 절반씩 낸 것과 똑같은 모습이었다. 이쯤 되면, 버닝썬 우호 지분 50%를 확보하고 있는 승리가 버닝썬의 실제 주인이라는 의혹을 제기하는 데 무리가 없었다. 버닝썬의

공동대표라는 이민우는 지분 10%의 '월급 사장'일 뿐이었다.

탈세를 기획했던 문서와 직원들의 증언, 통장 입출금 내역에 적힌 탈세의 정황들, 버닝썬이 구매한 주류 원가와 실제 판매가 비교와 1억 원짜리 만수르 세트의 원가 분석까지 마쳤다. 버닝썬에서 일했던 직원에게 재무 담당자 B의 이름을 들어본 적이 있느냐고 물었더니, '영업 초기에는 일을 하다가 지금은 그만둔 것으로 안다'고 답했다. 모든 아귀가 들어맞았다. 그런데 문득 그가 왜 이런 제보를 해왔는지 궁금했다. 지금까지 만난 제보자 중 90%는 억울한 일을 당했거나, 보도를 내보내 자신의 이득을 도모하려는 목적이 있었다. 제보자는 버닝썬과 얽힌 좋지 않은 과거가 있다고만 답했다. 더 이상 묻지 않았다. 이 정도면, 제보자의 말과 그가 제공한 자료들을 충분히 신뢰할 수 있었다. 기획 기사의 방향이 정해졌고 아이템의 타자가 정해졌다.

사흘 뒤, 〈MBC 뉴스데스크〉에서 버닝썬의 탈세 정황을 다룬 리포트 5개가 보도됐다. 자료를 탄탄하게 준비한 만큼 보도는 순조로웠다. 버닝썬의 탈세 의혹을 들췄고, 구체적인 증거를 들이댔다. 탈세를 기획하고 지시한 사람이 승리라는 보도가 나갔다. 경찰은 우리 보도가 나간 직후 '버닝썬의 1년 치 회계 장부를 입수해 조사 중'이라는 공식 답변을 내놨다. 덧붙이자면, 지금까지 이 보도에 대한 언론중재위원회의 반론 보도 청구와 민·형사상 소송 제기는 한 건도 없었다.

아무도 몰랐던 그곳의 진실

여성들은 거리로 나와 버닝썬을 규탄하고,

성폭행 피해를 증언하는 집회를 시작했다.

이 기회를 잡아야 했다. 지금 해결하지 못하면,

GHB를 이용한 범죄는 언제든 다시 고개를 들 것이 분명했다.

chapter

3

우리 모두의 잘못,
버닝썬

기회를 놓치면 안 된다

'김상교가 쏘아 올린 작은 공.' 네티즌들은 '버닝썬 게이트'를 이렇게 정리했다. 정확한 표현이었다. 김상교의 외로운 싸움은 거대한 '나비효과'를 만들었다. 폭행을 당했던 그날, 김상교가 치욕을 억누르고 적당히 타협했다면, 그리고 일상을 살아갔다면 '버닝썬 게이트'는 없었을 것이다. 김상교가 절절하게 억울함을 호소했던 글에 우리가 관심을 가지지 않았다면, 이 사건을 기사화하고 싶다는 우리의 발제가 윗선에서 무시당했다면, 마찬가지로 아무 일도 일어나지 않았을 것이다.

우리는 계속 취재 영역을 확장해 경찰 유착과 버닝썬의 탈세 의혹까지 제기했다. 기사에는 수천 개의 댓글이 달렸다. 끼니를 거르고 잠을 못 자도 힘들지 않았다. 우리는 2019년 그해, 기자들에게 주는 상을 모두 휩쓸었다. 모든 순간이 영광 그 자체였다.

하지만 해결하지 못한 숙제 때문에 마음 한구석이 불편했다. GHB 때문이었다. 정확히는 GHB로 상대방을 무력화시킨 뒤 이루어지는 성

착취 문제 때문이었다. 피해자들은 수사기관에 성폭행 피해를 알렸지만 가해자를 법정에 세우지 못했다. 상대는 100% 불기소 처리됐다.

이것은 수사기관이 GHB 특성을 이해하지 못했기 때문에 벌어진 일이었다. 경찰은 'GHB는 복용하면 의식을 잃게 하는 약물' 정도로 이해하고 있었다. 그리고 '의식을 잃는다'의 의미를 '스스로 움직일 수 없는 상태'로 인식했다. 여성이 직접 걸어가는 모습이 찍힌 CCTV를 확인한 경찰은 피해자의 증언을 신뢰하지 않았다. 앞에서도 꾸준히 언급했지만, GHB를 복용하면 움직이지 못하는 게 아니라 자신의 행위를 기억하지 못할 뿐이다. 치매 환자처럼 말이다. 게다가 6시간이면 GHB는 체내에서 빠져나가기 때문에, 경찰 조사 과정에서 검출해내는 것은 불가능했다.

GHB에 대한 대중의 관심이 높아지자, 국립과학수사연구원에서는 '버닝썬 클럽 마약 투약 사건과 관련해 수사관 대상으로 약물 사용 범죄와 관련된 마약류 검사 가이드라인을 발간했다'고 발표했다. 하지만 그 내용은 부실하기 짝이 없었다. '구토, 단기 기억 상실 등이 나타난다. 신고 접수 시 즉시 증거를 채취하라'는 기초적인 내용이었다. 현장에서 사건을 맡은 경찰들을 '가이드'하기에는 너무 부족해 보였다.

대한민국이 마약과 성범죄에 이 정도의 관심을 가졌던 적은 없었다. 여성들은 거리로 나와 버닝썬을 규탄하고, 성폭행 피해를 증언하는 집회를 시작했다. 이 기회를 잡아야 했다. 지금 해결하지 못하면 GHB를 이용한 범죄는 언제든지 다시 고개를 들 것이 분명했다.

GHB 프로젝트의 시작

"네 발로 걸었잖아" … 성폭행보다 억울한 '무검출' 마약

"증거 없다" 20년 손 놓았더니 … "곳곳 데이트 폭행"

2019년 2월 12일. 우리가 〈MBC 뉴스데스크〉에서 보도한 기사다. 성폭력을 당했지만 GHB가 검출되지 않아 피해 입증을 하지 못했던 여성들의 안타까운 사연, 그리고 경찰이 GHB 사건을 손 놓은 동안 무수히 많은 여성이 피해를 입었다는 내용이었다.

2019년 2월 13일 새벽 1시 27분. 카톡이 왔다. 이 시간에 단체 대화 방에 카톡을 남길 사람은 한 명뿐이었다. 아니나 다를까, 캡이었다. 캡 은 기사 댓글을 꼼꼼히 챙긴다. 우리가 공들여 취재한 내용을 보도한 날마다 우리를 응원하는 댓글을 캡처해서 단톡방에 띄우곤 했다. 그 날 새벽도 어김없었다.

'독일 프로그램에서 저 비슷한 약물 실험한 영상 있음. 거기서 보면 피실험여성이 약 먹고 대화도 나누고 자기 엄마 이름도 자기 손에 쓰고 그랬는데 자고 일어나서 기억 하나도 못 하고 본인도 엄청 충격 받는 내용임. 본인이 원해서 직접 병원에서 실험을 한 건데 그 영상 보면 약을 먹고 제 발로 걸어 들어가고 그걸 기억 못 하는 게 이해가 됨.'

새벽에 댓글만 남기고 사라진 캡은 아침 7시 49분, 진짜 하고 싶었던 말씀을 하셨다.

"기사 댓글에 이런 글이 있네. 추적해봐."

이기주 선배가 영상을 찾아봤지만 쉽지 않아 해당 댓글에 문의 댓글을 남겼고, 이틀 뒤 또 다른 댓글이 달렸다. 바로 유튜브 주소였다.

　　　　　　　　　　　　　우리 모두의 잘못, 버닝썬

이기주 선배의 댓글에 답을 해주신 그분께 감사의 말씀을 전한다. 수천 개의 댓글 중 이 댓글을 찾아낸 캡은 대단했다. 이때부터 소름이 돋을 만큼 모든 문제가 신기하게 잘 풀렸다. 우리의 'GHB 프로젝트'는 이렇게 시작됐다.

독일 기자의 '충격 요법'

유튜브 영상은 독일에서 이뤄진 실험이었다. 기자가 직접 GHB를 콜라에 타 복용하는 장면으로 시작했다. 물론 실험은 의사의 감독 아래 이뤄졌다. GHB 2ml를 투약하자, 곧바로 반응이 나타났다. 술에 취한 느낌이 난다고 하더니, 곧이어 여성은 '침대 의자를 옮겨 달라'는 등 횡설수설하기 시작했다. 눈이 풀리긴 했지만, 그냥 술을 마신 사람 같다는 느낌이 드는 정도였다.

곧 GHB가 추가로 투약됐다. 기자는 주변 사람들과 정상적으로 대화를 이어나갔다. 심지어 어머니 성함을 손에 적어달라고 부탁하자 "제 어머니는 레데니아입니다. 하지만 레디라 불러도 됩니다"라고 말하면서 자신의 손등에 어머니의 이름을 썼다. 그리고 잠시 뒤 잠이 들었다.

"공백이 느껴집니다. 잠이 든 것 같아요. 모르겠어요, 말씀해주세요. 제가 잤나요?"

6시간 뒤 기자가 깨어나서 한 말이다. 그녀는 자신이 한 말과 행동을 기억하지 못했다.

"의식이 없었던 순간에 무슨 일이 일어났는지 알지 못해 불쾌합니다. 지금까지도 겁이 납니다. 그런 상황에서 도움을 받기 위해 누구에게라도 도움을 요청할 것 같습니다."

독일에서 GHB 원료는 누구든지 쉽게 구할 수 있다. 그러다 보니 우리나라보다 더 먼저 GHB 관련 범죄가 심각한 사회문제로 대두됐다. 그래서 기자가 약물의 심각성을 알리기 위해 직접 실험에 뛰어든 것이었다.

'우리가 그동안 취재한 것이 틀리지 않았구나, 그리고 우리가 만난 여성들이 정말로 진실을 말하고 있었구나!' 하는 확신이 생겼다. 하지만 이 영상을 온전히 믿을 수는 없는 노릇이었다. 과장이나 연출이 있을지도 모른다. 확인이 필요했다. 직접 이 의료진을 만나볼 필요가 있었다.

2019년 5월, 유난히 무더웠던 봄으로 기억한다. 이기주 선배가 독일에 가기로 했다. 선배는 유튜브에 등장했던 독일인 의사 '압신 파테미'를 기어코 만났다.

"보시듯이 적은 용량으로는 환자들이 쾌감을 느끼고 편안해하며 우선은 좋게 느끼는 상태입니다. 그 부분이 위험합니다. 단순히 취한 것으로 생각합니다. 그리고 범죄자들은 바로 그다음 한 모금을 마시게 합니다."

파테미는 'GHB에 취하면 비록 외부에 보이는 행동이 정상적이라도 사고 능력은 이미 상실한 상태'라고 설명했다. 누군가 무언가를 지시하면 지시하는 대로 움직이고, 자칫 과다 투여하게 되면 사망에 이를 수도 있다고도 말했다.

파테미는 독일에서도 GHB 검출이 어려워 범죄 입증에 난항을 겪고 있다고 설명했다. 하지만 하지만 우리나라와는 큰 차이가 있었다. 하나는 피해 여성에 대한 대응이었다. 독일은 GHB를 사용되었다고 의심되는 신고가 접수되면 피해 여성을 즉시 법의학 병원으로 인계하고, 심리치료와 함께 전문변호사 선임 비용까지 모두 정부 보조금으로 해결할 수 있도록 지원했다. 또 다른 하나는 '예방'이었다. 독일 정부는 영상물을 만들어 GHB의 위험성을 알리는 광고를 했는데, 클럽에서 낯선 남성이 주는 술잔을 거부하라는 내용이었다.

GHB의 위험성을 수면 위로 드러내면 큰일이라도 나는 것처럼, 20년 동안 쉬쉬해온 우리나라와는 달랐다. GHB를 취재하던 내게 국립과학수사연구원 관계자가 한 말이 떠올랐다.

"이건 일반인이 알면 안 되니까 더 이상 GHB에 깊게 접근하지 마세요."

가장 앞장서서 GHB 범죄를 근절하기 위해 노력해야 할 국립과학수사연구원 연구원의 입에서 나온 말이다. 참으로 맥 빠지는 일이 아닐 수 없었다.

'약물 사용 성범죄' 형법 개정안을 발의하다

국회의원들이 가진 가장 큰 권한은 '입법'이다. 경찰이 수사를 할 때도, 검찰이 기소를 할 때도, 법원이 판결을 할 때도, 관료들이 정책을 만들 때도, 모든 것은 법의 테두리 안에서 이뤄진다. 그 법이 시대에 맞지 않아 고쳐야 할 때, 혹은 지금까지 본 적 없는 새로운 현상을 규율해야 할 때, 그에 적용되는 딱 맞는 법이 있어야 한다. 본회의장에서 몸싸움하고, 회의장에서 목소리 높여 상대방을 헐뜯는 그들은 생각보다 우리의 삶에 많은 영향을 미치고 있다. 대형 참사가 벌어지고 난 뒤, 산업현장에서 노동자가 사망하고 난 뒤, 공직자의 투기나 자녀 입시 부정, 부정채용 같은 부패가 드러나고 난 뒤, 스쿨존에서 어린아이가 교통사고로 사망하고 난 뒤, 국회의원들은 어김없이 법안을 쏟아낸다. 소 잃고 외양간 고치는 격이지만, 다른 소라도 잃지 않으려면 늦더라도 외양간을 고치는 게 맞으니까.

이번에도 마찬가지였다. 우리는 버닝썬 게이트를 취재하는 동안 혹시라도 버닝썬 게이트가 정치적으로 이용되어 사건의 본질이 흐려질까봐 최대한 정치권과 엮이지 않으려고 노력했다. 하지만 이번만큼은 상황이 달랐다. GHB를 사용한 성범죄를 단죄하려면 최종적으로 법 개정이 이루어져야 했다. 법을 고치려면 국회가 나서야 한다. 우리는 법 개정을 목표로, 우리와 생각이 같은 국회의원을 찾기 시작했다.

김철민 더불어민주당 의원이 나서줬다. 김철민 의원실 소속 전가영 비서관은 '버닝썬 게이트' 보도를 보고 법 개정의 필요성에 공감했다. 김철민 의원은 특히 현행 형법이 규정한 강간죄의 적용 범위가 지나치게 좁다고 생각했다.

형법 제297조(강간) 폭행 또는 협박으로 사람을 강간한 자는 3년 이상의 유기징역에 처한다.

강간이 성립되려면 폭행 또는 협박이 수반되어야 한다는 말이다. 그럼 약물을 사용해서 상대방을 심신미약 상태에 빠뜨린 뒤 이어지는 성폭행은 어떨까? 약물을 사용하는 행위는 폭행일까 협박일까? 내가 가 경찰이라면 어떻게 판단할까?

경찰은 형법이 정한 테두리 안에서 수사하고 죄를 묻는다. 형사 처벌을 하려면 형법에 적힌 조문을 적용해야 한다. 그런데 피해를 주장하는 여성에게서는 약물이 검출되지 않았고, CCTV에는 피해자가 남성과 함께 두 발로 걸어가는 모습이 담겼다. 이것만으론 강간죄의 구성요건인 '폭행'이나 '협박'을 증명하기 어렵다. 당연히 강간죄를 묻기도 어려울 것이다. 지금 우리나라 형법에는 거대한 공백이 있었다.

찾아 보니, 형법에는 '약물을 사용한 성 범죄'에 대한 언급도 없었다. 우리는 이 부분에 주목했다. 전가영 비서관과 우리는 형법 전문가들을 만나 조언을 듣고 해외에서 벌어진 유사한 사건들의 판례를 찾아 모으기 시작했다. 조성자 강원대 법학전문대학원 교수가 개정안의 틀을 잡아 줬다. 우리는 버닝썬이 들춰낸 약물 성폭행의 불편한 진실, 그리고 교묘하게 법망을 빠져나간 가해자들을 멈춰 세우려면 엄격한 법 적용이 필요하다는 데 공감했다.

2019년 6월 4일. 드디어 법 개정안이 발의됐다.

형법 297조 1항 폭행 또는 협박으로 사람을 강간한 자는 3년 이상의 유기징역에 처한다.

형법 297조 2항 동의 없이 약물 등으로 인해 심신미약 상태에 있는 사람을 간음한 사람은 전항의 예에 의한다.

형법 297조 3항 상대방의 의사에 반하여 사람을 간음한 자는 3년 이하의 징역에 처한다.

정확히는 297조(강간) 외에도 297조의 2(유사강간)와 298조(강제추행)에도 약물 사용 범죄를 처벌할 수 있는 법 조항을 추가했다. 또, 298조의 2(마약류를 이용한 강간 등)도 신설해, 마약류를 사용한 성범죄에 가중 처벌할 수 있는 법안도 마련했다.

형법 298조의 2(마약류를 이용한 강간 등) 당사자 동의 없이 '마약류 관리에 관한 법률' 제2조 제1호의 마약류 또는 같은 조 제6호의 원료 물질을 이용하여 간음 또는 297조의 2(유사강간)의 행위를 하거나 추행을 한 사람은 그 죄에 정한 형의 2분의 1까지 가중한다.

하지만 개정안은 결국 국회 문턱을 넘지 못하고 20대 국회가 끝나면서 자동 폐기됐다. 버닝썬 이슈가 잦아든 데다, 약물 성범죄에 대한 사람들의 관심이 식어버린 탓이었다. 언론은 어떤 이슈가 터지면 문제점을 찾아 집중보도한다. 그러면 국회의원들은 그 이슈에 대응하는 '반짝 입법'을 경쟁적으로 쏟아낸다. 언론과 정치권에 뿌리내린 고질적인 병폐지만, 도무지 개선의 여지가 안 보이는 문제이기도 하다.

대중의 관심이 떠났고, 세상은 변화하지 않았다. 여전히 법에는 공백이 있고, 여성들은 약물을 사용한 성범죄에 노출되어 있다.

우리 모두의 잘못, 버닝썬

작은 변화가 있었다

2019년 8월 10일. 경찰은 8월이 돼서야 수사 지침서에 GHB 관련 내용을 넣어 전국 경찰서에 배포했다. 주요 내용은 이렇다.

'주변 사람과 정상적으로 대화하거나 질문에 또렷이 대답하다가 잠이 들며, 깨어난 이후 전혀 기억을 못함. 자유의지를 상실한 채 주변 사람들의 지시에 맹목적으로 따르는 종속적인 모습이 나타남.'

그러고 보니, 익숙한 문장과 표현이다. 아래는 2019년 5월 28일 이기주 선배가 보도한 '[약물성범죄] 말도 행동도 '멀쩡해' 보였지만… "전혀 기억 안나"'라는 제목의 기사 일부다.

'(…) 주변 사람과 정상적으로 대화를 이어갑니다. 질문에도 또렷이 대답하고. 깨어났는데 아무것도 기억해내지 못했습니다. 주변 사

람들의 지시에 맹목적으로 따르는 종속적인 모습이 나타날 수 있다고 경고했습니다.'

경찰이 우리 기사를 그대로 인용했다는 것을 알 수 있었다. 이기주 선배가 GHB에 대해 자세히 보도한 지 두 달이 넘게 걸려 드디어 수사 지침이 마련된 것이다. 드디어 경찰의 인식에 변화가 생겼다. 버닝썬 게이트를 취재하면서 가장 보람을 느낀 순간이었다고 할까. 숙제를 마쳤다고 하는 표현이 적절할 것 같다. 물론 아직 바뀌어야 할 것이 여전히 많지만. 아래는 그동안 우리가 GHB 성 착취 범죄를 주제로 한 보도들을 정리했다.

2019년 1월 31일
"그 클럽에만 가면 정신을 잃는다"? ⋯ 뭐가 있기에 / 이문현

2019년 2월 12일
"네 발로 걸었잖아" ⋯ 성폭행보다 억울한 '무검출' 마약 / 이문현
"증거 없다" 20년 손 놓았더니 ⋯ "곳곳 데이트 폭행" / 이기주

2019년 2월 13일
'VIP 고객' 잡겠다며 ⋯ 직원들이 '조직적' 성범죄 / 남효정

2019년 3월 2일

"약물 성범죄 규탄" … 다시 혜화역에 모인 여성들 / 이문현

2019년 3월 18일

버닝썬 강남 한복판 '마약 소굴' 확인 … '벌써' 40명 입건 / 홍의표

2019년 3월 22일

[단독] '버닝썬 게이트' 성폭행 촬영 이들에겐 일상이었나 … 동영상 '또' / 박윤수

"호감 있지 않았나" … 피해자 '2번' 무너뜨린 질문 / 이문현

"그러려고 클럽 갔잖아" … 수사하며 '2차' 가해 / 남효정

2019년 5월 28일

[단독] 약물 성폭행 '의혹의' 태국인 … "韓 경찰 소환 불응" / 이문현

[약물성범죄] "제 발로 따라가 놓고" … 성폭행 안 믿어줘 '눈물' / 박윤수

[약물성범죄] 말도 행동도 '멀쩡해' 보였지만 … "전혀 기억 안 나" / 이기주

[약물성범죄] '뛰는' 마약, '걷는' 경찰 … 20년 된 매뉴얼만 본다 / 김재경

2019년 5월 29일

[약물성범죄] [단독] 법원으로 간 '성폭행 사건' ⋯ 검찰의 "증거 없음" 깨질까? / 이문현

[약물성범죄] 맨발로 도망쳐도 증거 부족? ⋯ 분통 터지는 피해자들 / 박윤수

2019월 6월 3일

"당신의 잔을 지키세요" ⋯ 獨 피해 여성 '적극 보호' / 이기주

피해자 넘쳐도 '증거'가 없다 ⋯ '검출' 안 되면 끝? / 홍의표

2019년 6월 4일

약물 성범죄 '법'으로 단죄 ⋯ 버닝썬 입법 '급물살' / 박윤수

2019년 8월 10일

경찰, 수사 지침에 '물뽕' 넣는다 ⋯ "강간 혐의 적용" / 이문현

우리 모두의 잘못, 버닝썬

생계형 기자가 만난 버닝썬 게이트

나는 '평범한' 사회부 기자다. 어쩌면 밥벌이를 위해 매일 기자로서 일하는 '생계형 기자'라고 해야 좀 더 정확한 표현일 것이다. 내가 맡고 있는 라인에서 시도 때도 없이 터지는 사건·사고들을 처리하고, 때때로 기획 아이템을 발제해 내놓는 것, 그게 나의 업무다.

생각만큼 기자가 할 수 있는 일은 많지 않다. 수사권은 물론, 개인 정보를 열람할 권한도 없다. '미디어가 고급 정보를 움켜쥐고서 대중의 사고를 좌우할 수 있다'는 믿음은 호랑이 담배 피우던 시절에나 가능했던 얘기다. 기자들은 고인 물에서 정체됐고, 세상은 너무 빠르게 변했다.

기자는 언제나 '씹기 좋은' 멸시의 대상이지만, 그렇다고 아예 필요 없는 존재는 아니다. 이 세상이 어떻게 돌아가고 있는지 누군가는 전달해야 하니까. 사회 구성원 다수가 기자를 멸시하며 '기레기'라고 지칭하지만, 언론이 사라질 리 없고, 그들이 보고 싶어 하는 기사만 쓸 수도 없는 노릇이다. 누군가가 보기 '불편한' 기사일수록 그 가치는 크다. 정부를 견제하는 기사, 정책을 제안하는 기사, 권력자를 감시하는 기사, 특정 정치세력의 부패를 고발하고 사회 약자를 조명하는 기사. 모두 불편하지만 의미 있는 보도다.

기사를 쓰려면 취재를 해야 한다. 지나가는 사람 10명을 붙잡아 겨우 한두 명 인터뷰를 따고, 재판에 출석하는 피고인에게 질문하다 욕을 먹기도 한다. 대중이 궁금해하는 것을 대신 물어보기 위해 누군가의 집 앞에서 하루종일 '뻗치기'를 하는 경우도 다반사다. 모두 취재 과정이다. 사명감 없이 할 수 없는 일이다.

2019년, 우리는 꽤 기자다웠다. 처음 폭행 사건 취재를 시작할 땐 이 정도로 사건이 커질 줄 몰랐다. '버닝썬 게이트'를 취재했던 6개월은 매일이 전쟁이었다. 물론 성과도 있었다. 대중이 던지는 질문들의 답을 찾으려고 취재를 하다 보면, 어김없이 더 충격적인 사건들을 만났다. 도무지 사실이라고 믿을 수 없는 범죄들이 강남 한복판에서 벌어지고 있었다. 다시 한번 말하지만 누군가가 보기에 '불편한' 기사일수록 그 가치는 크다.

'버닝썬 게이트'의 주목도가 높아지자 확인되지 않은 '설'들이 난

무하기 시작했다. 최서원(최순실)의 조카가 버닝썬에서 처음 김상교를 폭행했다는 의혹이 대표적이다. 국회의원이 증권가에서나 돌법한 속칭 '찌라시' 내용을 읊는 일도 벌어졌다. 여당 국회의원이 국회 대정부질문에서 당시 법무부 장관에게 관련 의혹을 제기한 것이다. 이 의원은 한발 더 나아가 과거 정권과 YG엔터테인먼트의 유착을 의심했다.

"버닝썬 사태는 경찰과의 유착 문제, 일부 연예인들의 일탈 행위라는 문제도 있지만, YG와 연루된 게 아니냐는 의혹이 점점 더 커지고 있습니다. 거슬러 올라가 보면 YG와 박근혜 정권의 연계가 배경이 될 수 있다는 생각을 떨칠 수가 없습니다."

그는 박근혜 정권과 YG의 유착 의혹의 사례로 2010년 YG엔터테인먼트 소속 가수 박봄의 마약 밀수 혐의를 입건 유예 처분한 인천지방검찰청을 언급했다. 당시 인천지검장은 김학의 전 법무부 차관이었다. 버닝썬이 최순실과 YG를 거쳐 김학의까지 퍼져나간 것이다. 어떻게 하면 상상의 나래를 저렇게 펼칠 수 있을까?

이슈는 정쟁의 도구가 된다. 버닝썬 게이트가 사회적으로 큰 주목을 받으니 정치권 일각에선 이 사건을 자신의 정파에 유리하게 활용하기 위해 안간힘을 썼다. 국회를 출입하던 후배가 어느 날 내게 이렇게 묻기까지 했다.

"선배, 버닝썬이 보수를 궤멸시키려는 공작이라던데, 정말이에요?"

서울 강남경찰서를 출입하는 일개 사회부 기자가 무슨 수로 정치권에 영향을 미친다는 건지 모르겠다. '버닝썬 게이트'를 취재하는 동안 우리가 국회의원실과 교류한 것은 강남경찰서 관련 자료를 요청할 때, 그리고 강간 범죄에 대한 형사법 개정안을 발의할 때, 딱 두 번뿐이었다. 우리가 직접 발로 뛰면서 세상에 드러낸 버닝썬 게이트에 정치꾼들이 달라붙는 모습은 보기 불편했다.

정치꾼들은 세상을 내 편과 상대편, 이분법으로 재단한다. 당장은 편리하겠지만 별로 도움 되는 일은 아니다. 특정 정파에 경도된 기자들이 정치권에 달라붙어 하수인 노릇을 자처하는 걸 보면 한숨이 나온다. 그들에겐 하루빨리 기자 그만두고 정치에 입문하길 권유한다.

2019년 10월, 김상교가 언론과 인터뷰에서 '여당 의원과 진보 단체 인사가 버닝썬을 '제2의 최순실 사태'로 키우자'는 제안을 받았다고 폭로했다. 버닝썬을 입맛에 맞게 재단해 정적을 공격하려는 공작으로 삼으려는 세력에 '진실' 따위는 중요하지 않았다. 우리 같은 사회부 기자와는 결이 많이 달랐다.

우리는 버닝썬 게이트를 역사에 남겼다. 세상이 좀 더 맑아졌다고 자신할 순 없지만, 적어도 사회의 썩어 문드러진 부분을 드러내고, 고발했다는 것만은 분명하다. 클럽에서 벌어진 폭행 사건이 무슨 보도

가치가 있냐며 무시했다면 시작될 수 없었던 대장정이었다. 이끌어준 선배들과 잘 따라준 후배들에게 고맙다는 말을 전한다.

'원히트 원더(one-hit wonder)'라는 말이 있다. 세상을 떠들썩하게 만든 작품 하나를 남기고 사라진 아티스트라는 말이다. 대중이 알고 있는 '히트곡'이 단 한 개뿐이라 무대에서 항상 그 노래만 부르는 가수 말이다. 기자도 마찬가지다. '버닝썬 게이트'는 분명 메가 히트곡이지만, 평생 그 기억에 도취되어 살 수 없다. 그 벽을 넘어서는 또 다른 보도를 준비해야 한다. 그게 기자의 숙명이라는 걸 잘 알고 있다.

반복되는 일주일, 가장 싫은 순간은 역시 '아이템 회의' 시간이다. 사회부 기자 20명 정도가 회의실에 둘러앉아 아이템을 발제하면, 캡과 동료 기자들이 살펴보며 아이디어를 공유한다. 기사 가치가 큰 아이템을 손에 쥔 기자는 신이 나서 브리핑하기 시작한다. "그거 얘기되네! 당장 내일 하자!"라는 캡의 말은 큰 동기부여가 된다. 반면 아이템이 부실한 기자는 회의시간이 고역이다. 다른 기자들이 모두 보고할 때까지 족히 2시간은 자리에 앉아 별로 관심도 없는 이야기들을 들어야 한다. 무려 2시간 동안!

여기까진 그래도 괜찮다. 그런데 '얘기되는' 아이템을 발제하지 못한 기자를 공개적으로 타박하거나, "라테는 말이야" 하는 훈육이 시작되면 그때부터는 답이 없다. 그저 시간 낭비일 뿐이다. 사건팀에는 경력이 짧은 기자들이 많으니까 이런 회의가 일종의 '훈련'이 될 수는 있지만, 이런 게 반복되면 모두에게 별로 좋지 않다.

특히 매주 똑같은 요일에 무엇이든 아이템을 발제해야 한다는 압박감은 대개 '질 낮은 발제'나 '면피성 발제'로 이어지게 마련이다. 기자 개인이나 회사 조직 모두에 좋을 게 없는 일이다. 한 달에 단 한 개라도 의미 있는 기사를 꾸준히 보도하는 기자가 좋은 기자다. 물론 현실은 그렇지 못하다. 회의를 누가 어떻게 주재하느냐에 따라 결과물의 차이는 확연하다. 무작정 자신의 과거 경험을 후배들에게 주입하는 시대는 이미 오래전에 지나갔다. 연차가 높아질수록 그런 현실감각을 잃어버리는 경우를 흔히 보게 된다.

다행인 건, 저런 '꼰대'가 당시 우리 부서에 없었다는 것이다. 취재한 내용을 선배에게 보고하고, 보고를 받은 선배가 취재 지시를 내리는 일련의 과정에 걸림돌이 없었다. 당시 우리 팀엔 '차라리 없는 게 나은 사람'이 한 명도 없었다.

더 다행인 건 '버닝썬 게이트'를 취재하는 내내, 아이템 회의를 걱정할 필요가 없었다는 것이다. 자고 나면 제보가 쏟아졌고, 그 내용을 확인하는 것만으로도 하루가 벅찼다. 다른 언론사 기자가 강남 라인에서 자잘한 사건·사고 단독 기사를 내도 눈 깜짝할 필요가 없었다. 더 큰 기사로 되갚으면 됐으니까. 기자 생활을 하는 동안 이런 경험을 할 수 있어 행운이었다.

내가 생각하는 기자라는 직업의 가장 큰 매력은, 후배가 선배를 능력으로 마음껏 앞지를 수 있다는 것이다. 사실 기자 선배가 후배에게 넘겨줄 만한 게 별로 없다. 사람들을 만나 취재원을 사귀고, 다양한 경험을 하면서 노하우를 쌓다 보면, 어느 순간 훌쩍 성장한 후배가 선배보다 훨씬 일을 잘하는 경우를 어렵잖게 볼 수 있다. 이문현 기자도 그런 후배 중 하나였다.

항상 버닝썬의 취재 과정을 기록으로 남겨두고 싶다는 생각을 했다. 물론 바쁘다는 핑계로 실행에 옮기지 못하고 있었다. 그런데 이문현 기자는 매일 취재하고 기사를 쓰면서도 틈틈이 버닝썬의 기억들을 정리하고 있었다.

"이미 원고는 절반 넘게 써뒀어요. 선배가 취재한 부분만 추가하면 될 것 같아요."

'버닝썬 게이트'의 기억을 곱씹어 볼 기회를 선물해준 이문현 기자와 포르체에 감사의 말을 전한다.

박윤수

최초 제보자에게 쪽지를 보낸 박윤수 선배가 없었다면,

함께 취재했던 이기주 선배와 홍의표·남효정 기자가 없었다면,

한 주제가 끝날 때마다 새로운 의제를 설정해줬던 유충환 캡이 없었다면,

우리가 쓴 '졸고'에 논리를 채워준 노재필 데스크가 없었다면,

'완성된 기사'를 만들어준 조승원·박범수 부장이 없었다면,

그리고 그 기사를 믿어준 박성제 당시 국장이 없었다면,

이 9명 중 누구 하나 없었다면, '버닝썬 게이트'도 없었을 것이다.

버닝썬 뒤에 숨긴 비밀

2024년 6월 5일 초판 1쇄

지은이 이문현
감 수 박윤수
펴낸이 박영미
펴낸곳 포르체

출판신고 2020년 7월 20일 제2020-000103호
전 화 02-6083-0128 | 팩 스 02-6008-0126
이메일 porchetogo@gmail.com

ⓒ이문현(저작권자와 맺은 특약에 따라 검인을 생략합니다)
ISBN 979-11-91393-28-6 (03300)

여러분의 소중한 원고를 보내주세요.
porchetogo@gmail.com